DIABETES
KOCHBUCH

Natalie Zumbrunn-Loosli Sabine Ferreira-Haller

DIABETES KOCHBUCH

Grundlagen,
Ernährungsempfehlungen und
100 Rezepte

AT Verlag

Quality of Life

Die Förderung der Lebensqualität ist nicht nur die Firmenphilosophie von Hoechst Marion Roussel AG, sondern soll auch in konkrete Aktionen münden, die dem Diabetiker zugute kommen.
Das vorliegende, von Hoechst Marion Roussel AG unterstützte Werk soll Freude bereiten und den Diabetikern die gesunde Ernährung auf schmackhafte Weise präsentieren. In diesem Sinne wünschen wir Ihnen viel Spass bei der Zubereitung der köstlichen Mahlzeiten und guten Appetit!

Hoechst Marion Roussel AG, Herostrasse 7, 8048 Zürich

AT Verlag, Aarau, Schweiz
Fotos: Lotti Bebie, Zürich
Gestaltung und Satz: Andreas D'Inca, Luzern
Lithos und Druck: AZ Grafische Betriebe AG, Aarau
Bindearbeiten: Buchbinderei Schumacher AG, Schmitten
Printed in Switzerland

ISBN 3-85502-618-1

Inhaltsverzeichnis

Vorwort Prof. Dr. med. G. A. Spinas 6
Vorwort der Autorinnen 7

Zuckerkrankheit (Diabetes mellitus) 8
Formen des Diabetes und deren Behandlung 8

Gesunde Diabetesernährung 11
Das Wichtigste in Kürze 11
Das Wichtigste in Kürze für die verschiedenen Diabetestypen 12
Energiebedarf 13
Kohlenhydrate 14
Eiweiss 19
Fett 20
Süssstoffe und Zuckeralkohole/ Zuckeraustauschstoffe 21
Spezialprodukte 22
Flüssigkeit 23
Alkohol 23
Fertigprodukte 25
Ernährungsberatung 26

Diabetes und Sport 27
Auswirkungen von Sport 27
Tips und Tricks für ein sportliches Programm 28

Rezepte 29
Zum Aperitif 30
Suppen und Vorspeisen 35
Gemüsesalate 50
Fleisch, Fisch, Tofu 55
Vegetarische Gerichte 71
Pikante Gratins und Kuchen 86
Süsse kleine Gerichte 94
Gerichte für Gäste 100
Warme und kalte Saucen 114
Desserts 120

Adressen 130
Quellen 130
Verzeichnis der Lebensmittel 130
Rezeptverzeichnis 131

Vorwort

Prof. Dr. med. G. A. Spinas

Das vorliegende Buch ist nicht einfach ein weiteres klassisches Diabetes-Kochbuch. Entstanden aus der täglichen Beratungstätigkeit von zwei engagierten Ernährungsberaterinnen, befasst sich das Büchlein mit Ernährungssituationen, wie sie Diabetikerinnen und Diabetiker bei uns von Tag zu Tag antreffen. Eine Ernährungsberatung kann noch so gut sein, steht man aber vor dem Kochherd, sind theoretische Kenntnisse oft nur schwer in die Praxis umzusetzen. Das Anliegen der Autorinnen ist es deshalb, Rezepte zu vermitteln, die eine rasche und unkomplizierte Zubereitung von abwechslungsreichen und schmackhaften diabetesgerechten Menüs ermöglichen. Die Rezeptsammlung eignet sich vor allem für:

- berufstätige Diabetiker und Diabetikerinnen, die nach der Arbeit nicht noch lange in der Küche stehen wollen, um eine Mahlzeit zuzubereiten, sondern auf Fertigprodukte zurückgreifen möchten
- Diabetikerinnen und Diabetiker, die plötzlich alleinstehend sind und vor der Situation stehen, selbst kochen zu müssen
- junge Leute, die an Parties teilnehmen oder selbst Parties mit vielen Gästen organisieren möchten – mit Ideen für Apéros, Dessertbuffet usw.
- für sportlich Aktive, die kleinere und grössere Snacks benötigen
- für die Alltagsküche von Diabetikerinnen und Diabetikern, mit einfachen Gerichten wie Aufläufen, süssen und pikanten Kuchen usw.

Alle Menüs sind diabetesgerecht zusammengestellt und fettarm sowohl bezüglich Zubereitungsart als auch in Bezug auf Nahrungsmittelauswahl, beruhen also auf modernsten ernährungswissenschaftlichen Grundlagen. Der theoretische Vorspann vermittelt in knapper praxisrelevanter Form nützliches Wissen zur Diabetesernährung einschliesslich zahlreicher Tips, die den täglichen Umgang mit der «Diät» erleichtern.

Dank seiner Praxisrelevanz und der direkten Umsetzbarkeit stellt das Diabetes-Kochbuch von Ferreira/Zumbrunn sowohl für Patienten und Patientinnen, deren Angehörige als auch für die betreuenden Ärztinnen und Ärzte eine unverzichtbare Hilfe im täglichen Umgang mit der Diabetesernährung dar.

Zürich, im Januar 1998
Prof. Giatgen A. Spinas
Leiter Abteilung Endokrinologie und Diabetologie,
Universitätsspital Zürich

Vorwort

der Autorinnen

Sie halten das neue Diabetes-Kochbuch der Reihe «Gesundheit und Lebensfreude» in den Händen.

Der Diabetes als chronische Krankheit stellt besonders hohe Anforderungen an die Betroffenen. Sie müssen täglich daran denken, sich ständig mit dem Essen, dem Testen, der Bewegung und anderem mehr auseinandersetzen, um gut eingestellt zu sein und damit Wohlbefinden und Lebensfreude zu erreichen.

In unserer Arbeit als diplomierte Ernährungsberaterinnen merken wir, dass es vielen schwerfällt, diese ständige Aufmerksamkeit im Alltag aufzubringen. Aufs Essen zu achten, Gemüse und Salat zuzubereiten, auch wenn man nach der Arbeit müde ist. Gerade da ist es unser Ziel, Ihnen mit diesem Buch neue Ideen zu vermitteln, damit Ihre Diabetesernährung nicht langweilig und einseitig wird. Wir sind überzeugt davon, dass eine moderne Diabetesernährung ausgewogen und gleichzeitig schmackhaft und genussreich sein kann.

Es ist uns ein besonderes Anliegen, Ihnen praxisnahe Rezepte zu bieten, die mit Tips zur Vereinfachung ergänzt und einfach nachzukochen sind. Wir zeigen Ihnen auf, wie Sie Fertigprodukte sinnvoll einbauen können, wenn die Zeit zum Kochen einmal knapp wird.

Im Vorspann stellen wir Ihnen das aktuelle Ernährungswissen bezüglich Diabetes kurz und prägnant vor.

An dieser Stelle möchten wir auch all jenen danken, die uns bei der Entstehung dieses Kochbuches unterstützt und weitergeholfen haben.

Einen ganz besondern Dank an:

- die Firma Hoechst Marion Roussel, die die Kochbuchidee initiiert hat;
- Prof. Dr. med. Giatgen A. Spinas, Leiter Abteilung Endokrinologie, Diabetologie, Universitätsspital Zürich, für sein Vorwort;
- Dr. med. Elisabeth Nützi-Constam, Endokrinologin und Diabetologin in Winterthur, für ihren fachlichen Beitrag im Vorspann;
- Karin Niedermann, Physiotherapeutin in Zürich, für ihren fachlichen Beitrag im Vorspann;
- unsere Rezepttester und -testerinnen, die uns wertvolle Rückmeldungen gaben;
- Roger Capt, Heim- und Spitalkoch mit eidgenössischem Fachausweis, Steckborn, der uns als Rezepttester und als Koch für unsere fotografierten Gerichte half;
- Lotti Bebie für ihre Arbeit als Fotografin;
- Dr. med. Regula Honegger, Diabetologin und Endokrinologin in Zürich, für ihre fachliche Unterstützung.

Nun wünschen wir Ihnen, lieber Leser, liebe Leserin, viel Vergnügen und Genuss beim Durchblättern des Buches und beim Nachkochen der Rezepte!

Winterthur, im Januar 1998
Sabine Ferreira-Haller und Natalie Zumbrunn-Loosli

Zuckerkrankheit
(Diabetes mellitus)

Die Zuckerkrankheit ist in allen ihren Formen eine chronische Stoffwechselstörung, die unter anderem an den erhöhten Blutzuckerwerten erkennbar ist.

Mit den Resultaten grosser Studien und gefestigten Erfahrungswerten ist nachweisbar, dass Patienten unter fachkundiger Behandlung gute Blutzuckerwerte erreichen. Dadurch fühlen sie sich besser, haben also eine bessere *Lebensqualität* und werden Spätkomplikationen weniger häufig oder später erleiden. Auch deren Fortschreiten erfolgt langsamer.

Spätkomplikationen sind vor allem auf Veränderungen der grossen und kleinen Blutgefässe zurückzuführen. Veränderungen der kleinen und kleinsten Adern führen zu Sehstörungen bis hin zur Erblindung und zu Nierenveränderungen, die im Verlauf von Jahren die Behandlung mit der künstlichen Niere erfordern. Grössere Blutgefässe können verengt werden (Arteriosklerose), wodurch verfrüht Herzinfarkte und Schlaganfälle auftreten können. Zudem können durch langjährigen Diabetes die Nerven beeinträchtigt werden, so dass sich schlecht behandelbare Schmerzen, Störungen des Empfindungsvermögens, selten auch Lähmungen von Muskeln zeigen.

Um eine gute Blutzuckereinstellung (siehe unten) zu erreichen, muss bei allen Diabetesformen auf die Ernährung geachtet werden. Daneben gehören heute auch Bewegung und Sport zum Behandlungskonzept bei Zuckerkrankheit.

Formen des Diabetes und deren Behandlung

In Mitteleuropa kommen im wesentlichen vier Formen der Zuckerkrankheit vor, wovon der Diabetes mellitus Typ 1 und Typ 2 am häufigsten sind.

Beim *Diabetes mellitus Typ 1* (insulinabhängiger Diabetes mellitus, IDDM, früher juveniler Diabetes mellitus genannt) liegt ein Insulinmangel vor, weil die insulinproduzierenden Zellen nicht mehr genügend Insulin herstellen können. Der Insulinmangel führt dazu, dass der Blutzucker (Glukose) nicht in die einzelnen Zellen wichtiger Gewebe gelangen kann, sondern im Blut zurückbleibt. In der Folge wird ein Teil dieser Glukose über den Urin ausgeschieden, was mit grossen Urinmengen einhergeht. Deswegen leiden die Betroffenen unter grossem Durst. Der In-

Die *Behandlung* der Zuckerkrankheit hat zum Ziel, den Blutzucker auf fast normale Werte zu senken. Ideal sind Blutzuckerwerte vor den Hauptmahlzeiten zwischen 4 und 7 mmol/l (70–125 mg%), allerdings nur, sofern keine schweren Unterzuckerungen (Hypoglykämien) auftreten (bei einer schweren Unterzuckerung kann der Patient sich nicht mehr selber helfen; andere Personen müssen Hilfe leisten). Eine Stunde nach dem Essen sollte der Blutzucker unter 10 mmol/l (180 mg%), zwei Stunden nach dem Essen unter 8,5 mmol/l (150 mg%) liegen. Am einfachsten kann die Blutzuckereinstellung im Drei-Monats-Test mit dem HbA1c (glykosyliertes Hämoglobin) überprüft werden. Das HbA1c entsteht durch die chemische Verknüpfung von Blutzucker mit dem Blutfarbstoff. Ist der Blutzucker hoch, entstehen mehr Verknüpfungen. Für Diabetiker ist ideal, wenn das HbA1c maximal 1% über der oberen Normgrenze liegt.

sulinmangel führt gleichzeitig zu vermehrter Blutzuckerproduktion in der Leber durch Abbau von Muskel- und Fettgewebe. Die Patienten bemerken dies an ungewolltem Gewichtsverlust trotz grosser Energiezufuhr. Da Fett und Eiweiss ohne Glukoseverbrennung nicht vollständig abgebaut werden, treten Stoffwechselprodukte im Übermass auf, die zur Übersäuerung (Ketoazidose) des Körpers führen. Insgesamt tritt der Diabetes mellitus Typ 1 eher im Alter unter 40 Jahren auf. Die Diagnose kann aufgrund der klassischen Symptome (unstillbarer Durst, grosse Urinmengen, ungewollter Gewichtsverlust und Leistungsknick) rasch gestellt werden, wenn der Blutzucker deutlich erhöht ist und im Urin Ketonkörper nachweisbar sind.

Die richtige Behandlung beim Diabetes mellitus Typ 1 ist das regelmässige Spritzen von Insulin. Insulin kann nicht geschluckt werden, da es dann verdaut würde und keine Wirkung mehr hätte.

Ein Teil der gespritzten Insulinmenge dient dazu, den Stoffwechsel stabil zu halten (Basalinsulin). Dieser Anteil verhindert eine zu grosse Blutzuckerproduktion in der Leber unter Abbau von Muskel- und Fettgewebe und beugt damit auch einer Übersäuerung des Körpers vor. Etwa die Hälfte des täglichen Insulinbedarfs wird benötigt, um den Blutzucker, der aus dem Essen stammt, in die Zellen gelangen zu lassen. Diese Menge Insulin muss also den einzelnen Mahlzeiten angepasst werden (Essensinsulin). Zusätzlich zu diesen Regeln gilt, dass erhöhte Blutzuckerwerte durch Insulin (Korrekturinsulin) gesenkt werden können; zu tiefe Blutzuckerwerte sind durch gezielte Kohlenhydrateinnahme (z.B. 10 g Zucker oder 100 ml/1 dl Orangensaft) anzuheben. Sport führt zu einem verminderten Insulinbedarf.

Basal-, Essens- und Korrekturinsulin sind individuell zu dosieren; daher ist eine persönliche Beratung und Schulung notwendig.

Der *Diabetes mellitus Typ 2* (nicht insulinabhängiger Diabetes mellitus, NIDDM, früher Altersdiabetes genannt) ist ein Sammelbegriff für verschiedene Formen der Zuckerkrankheit, die in Zukunft sicher besser voneinander abgegrenzt werden. Allen Typ-2-Formen gemeinsam ist, dass sie eher im Alter von über 40 Jahren auftreten und in der Regel mit einer Insulinresistenz einhergehen. Die Betroffenen realisieren die Krankheit selber selten, sie fühlen sich vielleicht weniger leistungsfähig, was meist dem Alter zugeschrieben wird. Gelegentlich finden sich vermehrt Infekte, insbesondere Entzündungen an Haut und Schleimhäuten (z.B. Pilzinfektionen der Intimregion). Der Diabetes mellitus Typ 2 tritt häufig familiär auf.

Ein weiteres Kennzeichen liegt darin, dass diese Patienten über längere Zeit mit gesunder Ernährung und ausreichend körperlicher Aktivität erfolgreich behandelt werden können. Führen diese Behandlungsmassnahmen nicht mehr zu den gewünschten Blutzuckerwerten, können zusätzlich Medikamente verordnet werden, die den Blutzucker senken.

Die häufigere Form des Diabetes mellitus Typ 2 geht mit *Übergewicht* einher (ca. 80%). Die Ursache der erhöhten Blutzuckerwerte ist eine sogenannte Insulinresistenz. Dies bedeutet, dass selbst grosse Insulinmengen den Blutzucker nicht mehr in den Normbereich senken können; das Insulin wirkt weniger.

Dieser Diabetestyp geht häufig mit zusätzlichen Erkrankungen einher. So finden sich oft Bluthochdruck und Fettstoffwechselstörungen sowie Gicht.

Die Behandlung besteht vor allem in der Verminderung der Insulinresistenz. Dies kann durch vermehrte Bewegung und Gewichtsabnahme erreicht werden. Dazu sollten mehrmals pro Tag kleine Mahlzeiten und Zwischenverpflegungen eingenommen werden mit weniger Energie, als verbraucht wird. Gleichzeitig sollte ein individuell aufgebautes Körpertraining erfolgen, damit die «chemische Fabrik» des Körpers nicht auf Sparflamme läuft und trotz geringer Energiezufuhr das Gewicht stabil bleibt oder gar zunimmt. Sehr zu empfehlen ist Aqua fit, weil bei diesem Sport die Gelenke nicht durch das eigene Gewicht übermässig belastet werden. Ebenfalls günstig sind Walking (flottes Gehen) und Schwimmen.

Mit diesen beiden Massnahmen – gesunde Ernährung und vermehrte Bewegung – lassen sich auch Fettstoffwechselstörungen, Bluthochdruck und Gicht verbessern.

Können die Blutzucker- und Fettwerte nicht in den erwünschten Bereich gesenkt werden, ist eine medikamentöse Therapie notwendig. Medikamente erster Wahl sind solche, die die Insulinmenge im Blut nicht erhöhen. Selbstverständlich sollten Bluthochdruck und Lipidstörungen nötigenfalls mit zusätzlichen Tabletten behandelt werden.

Beim *Diabetes mellitus Typ 2* von Normalgewichtigen liegt die Ursache der Zuckerkrankheit meist in einem «relativen» Insulinmangel. Die körpereigene Insulinproduktion reicht häufig noch aus, um den Blutzuckeranstieg nach kleinen Essensportionen in Grenzen zu halten. Daher sollte der tägliche Energiebedarf durch mehrere kleine Mahlzeiten und Zwischenverpflegungen gedeckt werden. Grössere Hauptmahlzeiten führen zu stark erhöhten Blutzuckerwerten nach dem Essen, die wegen knappem Insulin nur sehr langsam wieder auf gute Werte sinken.

Selbstverständlich wirkt sich auch bei diesen Patienten Bewegung und Sport blutzuckersenkend aus.

Werden die Therapieziele beim Diabetes mellitus Typ 2 mit gesunder Ernährung nicht erreicht, so soll rasch eine medikamentöse Unterstützung eingeleitet werden. Medikamente der ersten Wahl sind hier Tabletten, die die Insulinabgabe ins Blut erhöhen. Da sie dadurch Unterzuckerungen auslösen können, ist es wichtig, dass die Kohlenhydratmenge im Essen eingehalten wird.

Werden trotz Tabletten die Behandlungsziele nicht erreicht, soll das eigene Insulin mit gespritztem ergänzt werden, um den relativen Mangel auszugleichen.

Eine seltene Form der Zuckerkrankheit ist der sogenannte *Gestationsdiabetes*. Dieser wird definiert als das Auftreten einer Zuckerkrankheit während einer Schwangerschaft. Da schwangere Nichtdiabetikerinnen tiefere Blutzuckerwerte aufweisen als Nichtschwangere, gelten andere Behandlungsrichtlinien. Erste Massnahme zur Behandlung ist eine gesunde Ernährung und die zweite Massnahme Insulin.

Selten kann ein *«sekundärer» Diabetes* infolge anderer Erkrankungen oder wegen medikamentöser Behandlungen anderer Krankheiten (z.B. Prednisontherapie bei gewissen rheumatischen Leiden) auftreten.

In meinen Ausführungen wurde öfters auf die Wichtigkeit der Ernährung hingewiesen. Die nachfolgenden Kapitel sind speziell auf unsere Patienten ausgerichtet. Ich hoffe, dass dieses Buch vielen Betroffenen Erleichterung in der täglichen Therapie und natürlich auch Genuss beim Essen bringen wird.

Winterthur, im Januar 1998
Dr. med. Elisabeth Nützi-Constam

Gesunde Diabetesernährung

In der Diabetesernährung hat in den letzten Jahren ein Umdenken stattgefunden. An die Stelle von Verboten treten heute vermehrt Empfehlungen, die es ermöglichen, individuelle Bedürfnisse des Diabetikers in der Ernährungstherapie zu berücksichtigen. Sie setzen zugleich jedoch auch ein grösseres und fundierteres Hintergrundwissen über den Diabetes mellitus und sein Umfeld voraus. Sind Wissenslücken vorhanden, kann es zu Unsicherheiten, Verwirrung und unbewussten Fehlern führen.

Unsere kurzen Ausführungen zu den verschiedenen aktuellen Ernährungsfragen halten wir bewusst allgemein, so dass sie für möglichst viele Diabetiker zutreffen. Falls Sie eine persönliche Lösung für sich wünschen, die Ihre Lebensgewohnheiten und Vorlieben berücksichtigt, wenden Sie sich an eine Ernährungsberaterin (siehe Kapitel Ernährungsberatung Seite 26) oder Ihren Arzt.

Ziele der Diabetesernährung:

- Wohlbefinden und Leistungsfähigkeit
- minimale Blutzuckerschwankungen
- Vermeiden oder Abbau von Übergewicht
- Vermeiden und/oder Hinauszögern von Spätfolgen

Das Wichtigste in Kürze

Eine Übersicht über die Diabetesernährung

Prinzip	Begründung
5–6 kleinere Mahlzeiten pro Tag	– Kleinere Nahrungsmittelmengen auf einmal ergeben einen geringeren Anstieg des Blutzuckers pro Mal; dies ergibt einen regelmässigeren Blutzuckerverlauf über den Tag. – Leistungsfähigkeit und Konzentration bleiben erhalten. – Der Körper wird entlastet, da hohe Blutzuckerwerte eine enorme Belastung für den Organismus darstellen.
Stabile Kohlenhydratmenge	– Kohlenhydrate erhöhen den Blutzucker. Indem Sie die Kohlenhydrateinnahme kontrollieren (nicht einschränken!), wird der Blutzuckerverlauf stabiler. – Kohlenhydrate benötigen Insulin.
Gewichtsreduktion, wenn nötig	– Eine Gewichtsreduktion vergrössert die Wirksamkeit des Insulins (senkt die Insulinresistenz).
Fettarm	– Fett ist der *kalorienreichste* Nährstoff. Mit kleinen Einschränkungen können grosse Gewichtserfolge erzielt werden.

Nahrungsfaserreich	– Nahrungsfasern verzögern die Entleerung des Speisebreis aus dem Magen, d.h., die Kohlenhydrate werden langsamer ins Blut aufgenommen; so bleibt der Blutzucker nach dem Essen tiefer, die Blutzuckerkurve über den Tag stabiler. – Sättigt besser. Wichtig für alle, die aufs Gewicht achten. – Nahrungsfaserreiche Nahrungsmittel enthalten mehr Vitamine und Mineralstoffe. – Die Verdauung bleibt in Schwung.
2 Liter energiefreie Getränke pro Tag	– Der Stoffwechsel arbeitet effizienter. – Das Wohlbefinden steigt. – Zusätzliches Gefühl der Sättigung; besonders wichtig für alle, die aufs Gewicht achten.

Das Wichtigste in Kürze für die verschiedenen Diabetestypen

Die Reihenfolge entspricht jeweils der Wichtigkeit der Massnahmen.

Diabetes mellitus Typ 2 mit Übergewicht:

1. Gewichtsreduktion erreichen, d.h. streng fettarm essen und die Energiezufuhr reduzieren
2. 5–6 kleinere Mahlzeiten pro Tag
3. Nahrungsfaserreich essen
4. 2 Liter energiefreie Getränke pro Tag
5. Stabile Kohlenhydratmenge

Diabetes mellitus Typ 2 ohne Übergewicht:

1. Energiebedarf individuell anpassen
2. 5–6 kleinere Mahlzeiten pro Tag
3. Stabile Kohlenhydratmenge
4. Nahrungsfaserreich essen
5. Im Sinne einer gesunden Ernährung fettarm essen
6. 2 Liter energiefreie Getränke pro Tag

Diabetes mellitus Typ 1 (insulinabhängig):

1. Energiebedarf individuell anpassen
2. Kohlenhydratmenge kontrollieren
3. Nahrungsfaserreich essen
4. Im Sinne einer gesunden Ernährung fettarm essen
5. 2 Liter energiefreie Getränke pro Tag
6. Eventuell 5–6 kleinere Mahlzeiten pro Tag

Energiebedarf

Der Energiebedarf von Diabetikern ist grundsätzlich nicht anders als derjenige von Nicht-Diabetikern. Er wird durch folgende Faktoren beeinflusst: Alter, Geschlecht, Grösse, körperliche Aktivität, Schwangerschaft und Krankheit. Er ist *individuell* verschieden und soll für jeden Menschen individuell bestimmt werden.

Der Energiebedarf setzt sich aus Grundumsatz und Leistungsumsatz zusammen:

Der Grundumsatz (GU)

Als Faustregel für die Berechnung des täglichen Grundumsatzes gilt: Pro Kilogramm Körpergewicht (kg KG) und pro Stunde (h) beträgt der Grundumsatz 1 Kalorie (kcal) oder 4,2 Kilojoules (kJ).

Beim Körpergewicht geht man vom Normalgewicht (= Grösse in Zentimeter minus 100) aus:

Beispiel: Ein Mann, der 1,70 m gross ist, hat ein Normalgewicht von 70 kg. 70 x 24 h x 1 kcal = 1680 kcal. Sein Grundumsatz beträgt 1680 kcal oder 7056 kJ pro Tag.

Mein Normalgewicht
(Grösse in cm minus 100) ________________ kg

Mein Grundumsatz
(Normalgewicht x 24 h x 1 Kalorie) _________ kcal

oder (Normalgewicht x 24 h x 4,2 kJ) ______ kJ

Der Leistungsumsatz (LU)

Als einfache Faustregel für die Berechnung des täglichen Leistungsumsatzes gilt:

- für leichte Arbeit, wie alle sitzenden Tätigkeiten (z.B. Büroarbeit, Chauffeur, Laborant):
  1/3 des GU
- für mittelschwere Arbeit (z.B. Verkäufer, Hausfrau, Schreiner):
  2/3 des GU
- für schwere Arbeit (z.B. Gärtner, Maurer, Dachdecker, Leistungssportler):
  3/3 des GU

Beispiel: Der Mann in unserem Beispiel arbeitet als Verkäufer, hat also eine mittelschwere Arbeit. 2/3 des GU = 1120 kcal. Sein Leistungsumsatz beträgt 1120 kcal oder 4704 kJ pro Tag.

Meine Tätigkeit ist eine ________________ Arbeit.

Mein Leistungsumsatz:
__ /3 des GU = ______________________ kcal

oder ______________________________ kJ

Wenn wir nun unseren Grundumsatz und unseren Leistungsumsatz kennen, können wir sie zusammenzählen und erhalten so unseren individuellen Energiebedarf pro Tag.

Beispiel: Der Mann in unserem Beispiel hat einen Grundumsatz von 1680 kcal oder 7056 kJ und einen Leistungsumsatz von 1120 kcal oder 4704 kJ. Wenn wir Grund- und Leistungsumsatz zusammenzählen, ergibt dies einen Energiebedarf von 2800 kcal oder 11 760 kJ pro Tag.

Mein individueller Energiebedarf pro Tag ist:
(Mein GU) ____________ kcal + (mein LU) ____________ kcal = ____________ kcal.
oder
(Mein GU) ____________ kJ + (mein LU) ____________ kJ = ____________ kJ.

Energiebilanz

Wenn Sie Ihr *Gewicht stabil* halten wollen, sollten Sie pro Tag die oben berechnete Energiemenge zu sich zu nehmen.

Wenn Sie *abnehmen* wollen, ist es wichtig, die oben berechnete Energiemenge zu *unterschreiten*. Um 1 Kilogramm Körperfett zu verlieren, müssen Sie 7000 kcal oder 27 000 kJ einsparen. Es ist sinnvoll, Ihren Energiebedarf pro Tag um 500 kcal oder 2100 kJ zu unterschreiten, so nehmen Sie pro Woche etwa ein halbes Kilogramm Fett ab. Eine langsame Gewichtsabnahme ist einer Crash-Diät vorzuziehen, da die Belastung für den Körper kleiner ist und Sie gleichzeitig Ihre Essgewohnheiten ändern können. Zudem wird es Ihnen so langfristig leichter fallen, Ihr Gewicht stabil zu halten.

Wenn Sie *zunehmen* wollen, ist es wichtig, die oben berechnete Energiemenge zu *überschreiten*. Einen individuellen Ernährungsplan können Sie mit einer Ernährungsberaterin zusammen erarbeiten.

Kohlenhydrate

Kohlenhydrathaltige Nahrungsmittel erhöhen den Blutzuckerspiegel. Dennoch soll der grösste Anteil der täglichen Energiemenge (45–55%) durch Kohlenhydrate gedeckt werden. Denn sie liefern uns schnell Energie, die es uns erlaubt, leistungsfähig und fit zu bleiben. Zusätzlich sind sie wertvolle Vitamin- und Mineralstoffträger. Essen Sie also Kohlenhydrate. *Wichtig ist, dass Sie die kohlenhydrathaltigen Nahrungsmittel erkennen und ihren Gehalt abschätzen können.*

Mit Hilfe eines Blutzuckermessgeräts können Sie den Einfluss der Kohlenhydrate auf Ihren Blutzucker selber beobachten; dies kann Ihnen beim Kennenlernen Ihres Diabetes helfen.

Kohlenhydrathaltige Nahrungsmittel:

Kohlenhydrate werden in vier Gruppen eingeteilt:

Für den menschlichen Körper verwertbare Kohlenhydrate			Für den menschlichen Körper **nicht** verwertbare Kohlenhydrate
Einfachzucker Monosaccharide	Zweifachzucker Disaccharide	Mehrfachzucker Polysaccharide	Nahrungsfasern/Ballaststoffe
Beispiel: Traubenzucker (Glukose) Fruchtzucker	Beispiel: Zucker Malzzucker Milchzucker	Beispiel: Stärke (Glykogen)	Beispiel: Pektin im Apfel Guar in Hülsenfrüchten Zellulose in Gemüsen

Einfachzucker (Monosaccharide)

Glukose

Glukose hat in der praktischen Diabetesernährung eine sehr kleine Bedeutung, da sie nur in wenigen Nahrungsmitteln vorkommt. Enthalten ist sie in Honig oder in Früchten.

Reine Glukose bewirkt einen sehr raschen Blutzuckeranstieg und ist daher vor allem bei einer Unterzuckerung (Hypoglykämie) sinnvoll.

Fruchtzucker (Fruktose)

Ist süsser als alle anderen Zuckerarten. Enthalten ist er vor allem in Früchten.

Fruchtzucker hat eine schwächere Wirkung auf den Blutzucker als Glukose, da er im ersten Schritt insulin*unabhängig* verarbeitet wird. In der Leber wird Fruchtzucker in Glukose umgebaut, die wiederum insulin*pflichtig* weiterverwendet wird.

Fruchtzucker wird sinnvollerweise in kleinen Mengen verzehrt, etwa als Süssungsmittel in Fertigprodukten (z.B. Light-Joghurt) oder in Form von frischen Früchten. 10 g Fruchtzucker enthalten *10 g verwertbare Kohlenhydrate*. In grösseren Mengen konsumiert, erzeugt er Durchfall.

Zweifachzucker (Disaccharide)

Zucker (Haushaltszucker)

Die Diabetesernährung ist im Einsatz von Zucker liberaler geworden. Zucker ist nicht schädlich für Diabetiker. Eine kleine Menge lässt den Blutzuckerspiegel wenig, eine grössere Menge hingegen höher ansteigen. Deshalb sind ca. 30 g Zucker pro Tag (z.B. in Form von Kuchen, Schokolade, Rahmglace) erlaubt, wenn

- Ihr Diabetes gut eingestellt ist
- Sie den Zucker in den Kohlenhydratanteil der Mahlzeit *einbauen* und nicht zusätzlich essen
- Ihre Ernährung sonst *nahrungsfaserreich* ist
- Sie den Zucker bevorzugt *nach* einer Mahlzeit essen.
- Sie vorsichtig mit der zusätzlichen Energiemenge umgehen. Eine Gewichtszunahme ist nicht wünschenswert!

Was heisst 30 g Zucker pro Tag, in Nahrungsmitteln ausgedrückt?

Nahrungsmittel	30 g Zucker/Kohlenhydrate sind enthalten in:
Zucker	30 g = 2 leicht gehäufte Esslöffel
gezuckerter Fruchtjoghurt	180 g = 1 Becher
Engadiner Nusstorte	55 g = 1 kleines Stück
Honig	40 g = 2 Esslöffel
gezuckerte Konfitüre	45 g = 2 Esslöffel
Schokolade	50 g = ½ Tafel
Vanilleglace	110 g = 2 Kugeln

Zu beachten ist:

- Süssigkeiten sind oft fetthaltig (Vorsicht, wer am Abnehmen ist!).
- Wenn der Zucker mit Fett, Eiweiss oder Nahrungsfasern kombiniert ist (z.B. Rahmglace), ergibt dies eine flachere Blutzuckerkurve nach dem Essen, als wenn der Zucker alleine (z.B. in Sorbet) gegessen wird.
- Die Menge der Süssigkeit wirkt sich entscheidend auf die Blutzuckerkurve nach dem Essen aus.
- Wer sicher gehen will, misst seinen Blutzucker vor der Mahlzeit und 3 bis 4 Stunden nach dem Essen von Süssem, um abzuklären, welche Wirkung der Zucker auf den *individuellen* Blutzucker hat. Nach 3 bis 4 Stunden sollte der Blutzucker wieder auf dem Ausgangswert sein. Wenn Sie dies nicht erreichen, ist es sinnvoll, die Menge oder die Art der Süssigkeit noch einmal zu überdenken.
- Vorsicht ist geboten bei allen gesüssten Getränken, Sorbet und Ähnlichem, da diese gelösten Kohlenhydratgemische den Blutzucker blitzartig hoch ansteigen lassen.
- Zucker liefert nur «leere» Kalorien, d.h. keine Vitamine und Mineralstoffe.
- Zucker fördert Karies.

Malzzucker (Maltose)

kommt in keimendem Getreide (z.B. der keimenden Gerste) vor; er ist das Ausgangsprodukt für Bier. Malzzucker geht sehr schnell ins Blut über.

Mehrfachzucker (Polysaccharide)

Stärke

Typische Stärkeprodukte sind Reis, Kartoffeln, Mais, Hirse, Getreideerzeugnisse wie Brot, Teigwaren usw. Besonders empfehlenswert sind Stärkeprodukte, die viel Nahrungsfasern enthalten und dadurch nach dem Essen einen langsameren Blutzuckeranstieg bewirken als Stärkeprodukte mit wenig Nahrungsfasern.

☺	😐
Vollreis	polierter, weisser Reis
Vollkornbrot	Weissbrot, Ruchbrot
Haferflocken	Cornflakes
Hülsenfrüchte, z.B. Linsen	Kartoffelpüree
Vollkornmehl	Weissmehl
Knäckebrot	Zwieback

Falls Sie ein Nahrungsmittel aus der 😐-Gruppe (nahrungsfaserarm) wählen, ist es wichtig, die Nahrungsfasern aus einer anderen Quelle zu beziehen, z.B. einem gemischten Salat, Gemüse oder frischem Obst, damit die Aufnahme der Stärke etwas abgebremst wird und diese langsamer ins Blut fliesst.

Einfluss der Stärke auf den Blutzucker

Im allgemeinen wird davon ausgegangen, dass Stärke sehr gut verdaulich ist. Dies hängt jedoch von folgenden Faktoren ab:

- Art des Nahrungsmittels (Getreide, Kartoffel, Hülsenfrüchte usw.)
- Gehalt an Nahrungsfasern
- Raffinierungsgrad und Zubereitung (roh oder gekocht)
- Menge verzehrter Stärke (wieviel wird gegessen)
- Intensität des Kauens (langsam kauen oder verschlingen)
- Transportzeit des Verdauungsbreis im Dünndarm

Diese Faktoren wirken verstärkt, wenn Kohlenhydrate alleine, ohne Protein, Fett oder Nahrungsfasern, gegessen werden.

Durch eigene Blutzuckermessungen können Sie den Einfluss auf Ihren Blutzucker gut beobachten.

Merke:
Für Diabetiker mit Tabletten oder Insulin

Es ist wichtig, dass Sie verwertbare Kohlenhydrate bei einer Mahlzeit nicht einfach weglassen, da Ihre butzuckersenkenden Tabletten oder das Insulin auf die Kohlenhydrate abgestimmt sind. Gefährliche Unterzuckerungen (Hypoglykämien) können so verhindert werden.

Nahrungsfasern (Ballaststoffe)

sind die unverdaulichen Teile der Pflanzenwände. Es gibt wasserlösliche und nicht wasserlösliche Nahrungsfasern. In der Diabetesernährung empfehlen wir *30 bis 40 Gramm Nahrungsfasern* pro Tag.

Vorteile der Nahrungsfasern:
- Sie führen zu einem langsameren Blutzuckeranstieg nach dem Essen (v.a. die löslichen Nahrungsfasern), was einen stabileren Blutzuckerverlauf ergibt.
- Sie sättigen langanhaltend.
- Sie senken die Energiedichte (Kaloriengehalt) der Nahrung.
- Sie sind vitamin- und mineralstoffreich.
- Sie verhelfen zu einem geregelten Stuhlgang.

Nahrungsfaserreiche Nahrungsmittel sind Gemüse, Salate, Früchte und Vollkorn-Stärkeprodukte, wie Vollkornbrot, Getreideflocken, Vollreis.

Glykämischer Index

Eine kanadische Forschergruppe entwickelte in den achtziger Jahren ein System, das die je nach Nahrungsmittel unterschiedliche Wirkung der gleichen Kohlenhydratemenge auf den Blutzucker erfasst. Dabei wird der Blutzucker z.B. 3 Stunden nach dem Verzehr eines beliebigen kohlenhydrathaltigen Nahrungsmittels mit dem Blutzucker 3 Stunden nach der Aufnahme von Weissbrot verglichen.

Die Wirkung von Weissbrot wird also als Referenz angenommen und mit 100% angegeben. Jedes Nahrungsmittel, das den Blutzucker schneller als Weissbrot ansteigen lässt, hat einen Blutzuckerindex über 100%. Jedes Nahrungsmittel, das den Blutzucker langsamer als Weissbrot ansteigen lässt, hat einen Blutzuckerindex unter 100%. *In der Diabetes-*

ernährung sollten Sie Nahrungsmittel mit einem tiefen glykämischen Index bevorzugen, da diese eine stabilere Blutzuckerkurve über den Tag ergeben.

In den verschiedenen Nahrungsmittelgruppen haben Sie meistens die Auswahl zwischen einem Produkt, das den Blutzucker langsam, und einem, das den Blutzucker schnell erhöht.

Die Liste auf der folgenden Seite gibt Ihnen einige Beispiele:

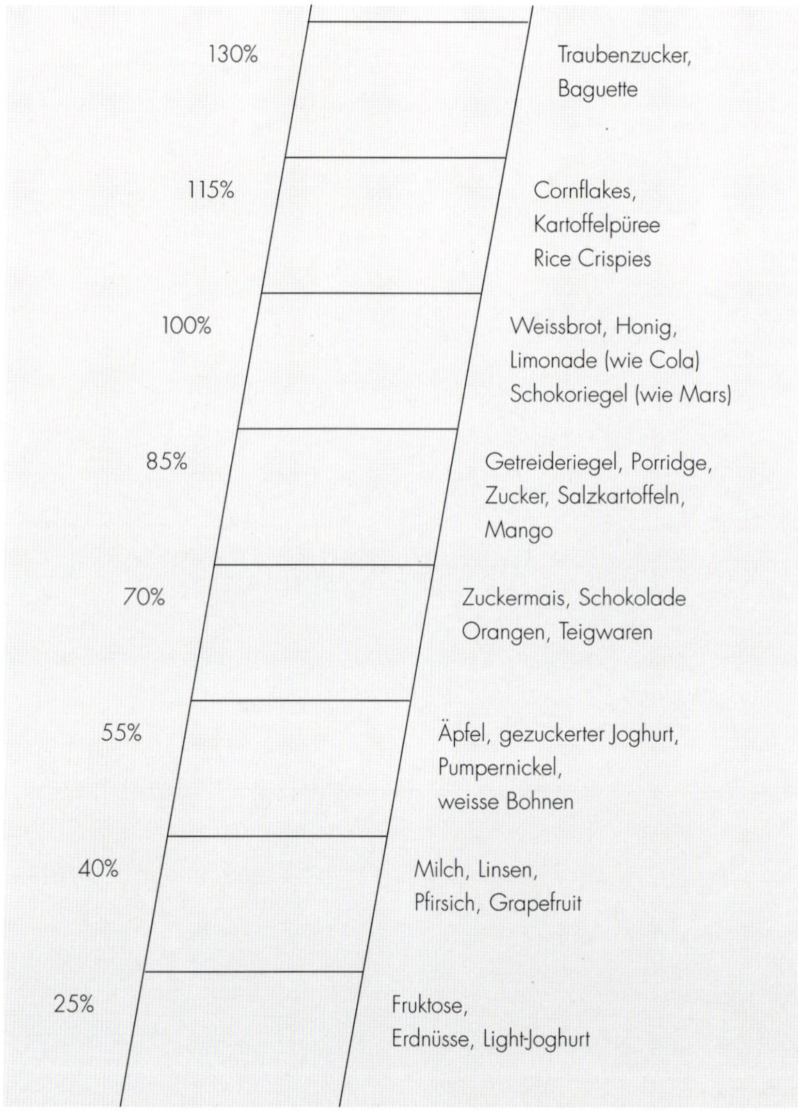

Nahrungs-mittelgruppe	langsamer Blutzuckeranstieg	schneller Blutzuckeranstieg
	☺	😐
Brot	Vollkornbrot	Weissbrot
Cerealien	Haferflocken Frischkornmüesli	Cornflakes gezuckerte Flocken
Stärkebeilage	Kartoffeln in der Schale Vollkornreis Parboiled Reis Spaghetti Hülsenfrüchte	Kartoffelpüree Pommes duchesse
Gemüse/Obst	fast alle Gemüse Orange Apfel/Birne	Zuckermais Orangensaft Banane

Der glykämische Index ist eine Orientierungshilfe, die anzeigt, ob ein kohlenhydrathaltiges Nahrungsmittel einen steilen oder flachen Blutzuckeranstieg nach dem Essen verursacht. In der Praxis ist es genauso wichtig, den Einfluss von Protein, Fett und Nahrungsfasern zu berücksichtigen. Protein, Fett und Nahrungsfasern verzögern den Blutzuckeranstieg nach dem Essen.

Eiweiss (Protein)

Die Empfehlung für die tägliche Eiweisszufuhr liegt bei 15 bis 20% der benötigten Gesamtenergiemenge. Eine zu hohe tägliche Eiweisszufuhr hat für den Diabetiker eine unnötige Belastung der Nieren wie auch erhöhte Blutfettwerte (z.B. Cholesterin) zur Folge, da mit einem hohen Proteinkonsum ebenfalls der Fettkonsum steigt.

Um der Empfehlung gerecht zu werden, heisst das:

- Bevorzugen Sie fettarme, proteinhaltige Lebensmittel, z.B. mageres Fleisch.
- Essen Sie nur 2- bis 3mal pro Woche ca. 100 g Fleisch.
- Setzen Sie Tofu, Quorn, Hülsenfrüchte (Kohlenhydrate berechnen) ein.
- Essen Sie 2mal pro Woche ca. 100 g Fisch.
- Essen Sie maximal 2–3 Eier pro Woche.
- Essen oder trinken Sie 2–3 Milchportionen pro Tag (Fettstufe und Kohlenhydratgehalt beachten).

Proteine bremsen wie Fett und Nahrungsfasern den Blutzuckeranstieg nach dem Essen ab und sollten deshalb ihren festen Platz in Ihrer Menuplanung haben.

Eiweissreiche Nahrungsmittel sind Fleisch, Fisch, Käse, Quark, Tofu.

Fett

Die Empfehlung für die tägliche Fettzufuhr liegt bei ca. 30 bis 35% der Gesamtenergie. Heute liegt die durchschnittliche Fettzufuhr pro Person in der Schweiz wie auch in anderen westlichen Industrieländern wesentlich höher. Um einem erhöhten Risiko, an einem Herz-Kreislauf-Leiden zu erkranken, entgegenzuwirken, ist es sinnvoll, die tägliche Fettzufuhr zu drosseln.

Wir unterscheiden zwischen versteckten und sichtbaren Fettquellen (siehe folgende Tabelle).

Versteckte Fette	Tips
Fleisch, Wurstwaren	– Fettarmes Fleisch, wie mageren Schinken, Bündnerfleisch/ Mostbröckli, bevorzugen. – Braten Sie Fleisch ohne Fett und ohne Öl in einer beschichteten Pfanne von guter Qualität an. – Falls das Fleisch trotzdem festklebt, decken Sie es kurz mit dem Deckel zu. Durch das Kondensationswasser löst es sich problemlos. – Schneiden Sie das sichtbare Fett weg. – Kontrollieren Sie die Menge (ca. 100 g rohes Fleisch pro Person und Mahlzeit).
Fertigprodukte	– Zusammensetzung beachten.
Salatsauce	– Strecken Sie Ihre Salatsauce mit Bouillon, Blanc battu oder Magerquark.
Saucen	– Strecken Sie Ihre Sauce mit Gemüse (z.B. Champignons) oder pürierten Gemüseresten vom Vortag. – Verwenden Sie statt Vollrahm Halbrahm, Kaffeerahm oder Milch-Drink (Trinkmilch). Messen Sie den Rahm mit einem Teelöffel ab.
Milchprodukte, Käse	– Fettstufe beachten, fettarme Produkte bevorzugen. – Kontrollieren Sie die Menge.
Süssigkeiten, Diätprodukte	– Süssigkeiten massvoll geniessen.

Sichtbare Fette	Tips
Streichfett (Butter, Margarine)	– Kleine Mengen konsumieren.
Öle	– Pflanzliches Öl bevorzugen, z.B. Sonnenblumen-, Raps-, Olivenöl. – Zum Kochen Erdnussöl nehmen. **Wichtig: Öl sparsam verwenden!** Die Menge mit einem Teelöffel abmessen.
Fettarme Zubereitungsart wählen	– Grillieren – Dämpfen mit Siebeinsatz – Dampfkochtopf – Steamer, Vapeur – Römertopf oder Bratbeutel – Teflon- oder Titanpfanne – Mikrowelle

Fett wirkt wie Nahrungsfasern und Eiweiss bremsend auf den Blutzuckeranstieg nach dem Essen.

Süssstoffe und Zuckeralkohole/ Zuckeraustauschstoffe

Süssstoffe

werden chemisch hergestellt, enthalten keine Energie (Kalorien oder Kilojoules) und keine Kohlenhydrate. Sie beeinflussen daher den Blutzucker nicht und verursachen keine Karies. Süssstoffe können Sie ohne Berechnung der Kohlenhydrate oder Energie verwenden.

Folgende Produkte werden als Süssstoffe deklariert:
- Cyclamat
- Saccharin
- Aspartam/Nutrasweet
- Acesulfam-K
- Thaumatin
- Neohesperidin DC

Tips zur Praxis

- Süssstoffe schmecken um ein Vielfaches süsser als Zucker. Daher ist beim Dosieren Vorsicht geboten. Wir empfehlen Ihnen, sie tropfenweise zu verwenden und, falls es zu wenig süss ist, noch einmal nachzusüssen. So vermeiden sie eine Überdosierung, die einen unangenehm bitteren Nachgeschmack auf der Zunge hinterlässt.
- Süssstoffe sind in Tablettenform, flüssig und als Pulver erhältlich. Tabletten eignen sich gut für Getränke. Flüssiger Süssstoff eignet sich besonders gut zum Süssen von Kompott, Fruchtquark, Joghurt, Desserts, zum Einkochen von Konfitüre und für Kuchen ohne Volumen (z.B. Linzertorte). Süssstoffpulver eignet sich zum Backen von Kuchen, die aufgehen sollen, z.B. Biskuits. Ein genaues Einhalten der Rezeptur ist erforderlich.

- Beim Süssstoffpulver wird der Süssstoff mit Malto-Dextrin (einem Kohlenhydrat) zu einem Pulver verarbeitet. Die Kohlenhydrate müssen daher berechnet werden. 10–12 Gramm Zucritam-, Canderel-, Sucramid-extra-, Zucrino- oder Assugrin-Pulver enthalten *10 g verwertbare Kohlenhydrate.*
- Eiweisshaltige Pulver wie Zucritam und Canderel sind nicht zum Backen geeignet, da das Eiweiss zerstört wird und die Süsskraft verlorengeht.
- Cyclamat, Saccharin und Acesulfam-K sind unproblematisch in der Verwendung. Sie können gekocht, gebacken, eingekocht und tiefgefroren werden.
- Aspartam/Nutrasweet, Thaumatin und Neohesperidin DC enthalten Eiweiss und sind somit *hitzeempfindlich.* Wenn sie längere Zeit mit Wärme in Kontakt kommen, verlieren sie ihre Süsskraft. Thaumatin ist in der Schweiz nur in Kaugummi zugelassen.

Zuckeralkohole/Zuckeraustauschstoffe

werden ebenfalls chemisch hergestellt. Ihre Ausgangsprodukte sind jedoch Kohlenhydrate, z.B. Maisstärke oder Saccharose. Durch die chemische Veränderung kann der Körper nur einen Teil der Energie (Kalorien oder Kilojoules) und der Kohlenhydrate aufnehmen. Der Rest gelangt in den Dickdarm, vergärt dort und erzeugt Verdauungsprobleme wie Blähungen und Durchfall. Ein Vorteil der Zuckeralkohole ist, dass sie keine Karies verursachen.

Folgende Produkte werden als Zuckeralkohole/Zuckeraustauschstoffe deklariert:

- Sorbit
- Xylit
- Mannit
- Palatinit/Isomaltit
- Maltit/Malbit
- Lactit/Lactyl
- Lycasin

- Lycasin, auch als hydrolisiertes Stärkederivat bezeichnet, ist für Diabetiker nicht geeignet, da es sich im Darm in Glukose (schneller Blutzuckeranstieg) und Sorbit teilt und somit Blutzuckerschwankungen verursachen kann. Lycasin ist oft in Bonbons enthalten und muss als «für Diabetiker nicht geeignet» deklariert werden. Beachten Sie die Analyse.
- Alle anderen Zuckeralkohole sind, massvoll genossen, für Diabetiker geeignet, immer unter der Voraussetzung, dass Sie die verwertbaren Kohlenhydrate einberechnen: 10 g Zuckeralkohole enthalten 6 g verwertbare Kohlenhydrate und 24 kcal oder 100 kJ.
- Polydextrose wird als Füllstoff verwendet, ist weder Zuckeralkohol noch Süssstoff. 10 g Polydextrose enthalten *2,5 g verwertbare Kohlenhydrate* und 10 kcal oder 42 kJ.

Zuckeralkohole werden vor allem von der Industrie für die Herstellung von süssen Diabetiker-Spezialprodukten eingesetzt. Da diese Produkte oft auch sehr fetthaltig sind, werden sie nicht mehr empfohlen. Falls Sie Lust auf etwas Süsses haben, nehmen Sie eine kleine Menge eines Lebensmittels mit Zucker (siehe dazu Seite 15–16).

Spezialprodukte

Es gibt sinnvolle Spezialprodukte in der Diabetesernährung. Sie sind künstlich gesüsst und sparen dadurch überflüssige Energie ein.

Es gibt jedoch auch sinnlose Spezialprodukte, wie Diabetes-Süsswaren. Sie enthalten meist Zuckeralkohole/Zuckeraustauschstoffe (Sorbit, Xylit usw.) sowie Fette und entpuppen sich schliesslich als pfundige Kalorienbomben. Auch wenn sie als «für Diabetiker geeignet» deklariert sind, bringen sie dem Diabetiker keine Vorteile, verführen höchstens zu einem grösseren Verzehr, sprich höherer Energiezufuhr und können so zu einer Gewichtszunahme führen.

☺	☹
Light-Getränke, z.B. Cola light	Diabetes-Schokolade
Fruchtkonserven ohne Zuckerzusatz	Diabetes-Konfekt
Light-Konfitüre	Diabetes-Honig
Light-Fruchtjoghurt	
Kaugummi ohne Zuckerzusatz	
Bonbons ohne Zuckerzusatz (Analyse beachten!)	Bonbons ohne Zuckerzusatz (Analyse beachten!)

Statt Diabetes-Süsswaren ist es sinnvoller, normale Süssigkeiten *in kleinen Mengen* in den Speiseplan einzubauen und zu geniessen.

Bleiben Sie trotz Beschriftung kritisch und beachten Sie Inhaltsangabe und Analyse.

Flüssigkeit

Ohne Wasser gibt es kein Leben. Dies lässt erahnen, wie wichtig Wasser auch in der Ernährung ist. Wenn wir Durst empfinden, ist dies bereits ein Alarmzeichen des Körpers. Und trotzdem trinkt ein Grossteil der Bevölkerung zu wenig.

Das Blut und andere Flüssigkeiten des Körpers transportieren Nährstoffe in alle Teile des Körpers, wo sie gebraucht werden. Beim Rücktransport werden Abfallprodukte mitgenommen. Um diesen anspruchsvollen Hol-und-Bring-Dienst aufrechtzuerhalten, benötigt der Körper mindestens 2½ Liter Flüssigkeit pro Tag. Einen Drittel davon beziehen wir über die feste Nahrung (Gemüse, Salat, Früchte), die verbleibenden 1½ bis 2 Liter müssen in Form von Getränken aufgenommen werden.

Ist Trinken für Sie ein Problem?

Hier einige Tips dazu:

- Sorgen Sie für ein grösseres Angebot. Bereitstehende Flaschen und Gläser können eine Gedankenstütze darstellen.
- Kochen Sie am Morgen 1 bis 2 Liter Tee, den Sie dann im Laufe des Tages trinken.
- Nehmen Sie eine Flasche Mineralwasser an Ihren Arbeitsplatz mit.
- Trinken Sie vor jedem Essen ein grosses Glas Wasser.
- Wenn Sie eine Pause machen, benutzen Sie diese, um zu trinken.
- Kontrollieren Sie Ihre tägliche Trinkmenge, indem Sie sich an ein, zwei Tagen alles notieren, was Sie trinken. 2 Liter sind das Ziel.
- Wählen Sie ein Getränk, das Sie gerne trinken. Was man mag, konsumiert man lieber.
- Vielleicht fällt es Ihnen leichter, wenn Sie mit einem Strohhalm oder aus einem grösseren Glas trinken.

Alkohol

Grundsätzlich können Sie als Diabetiker Alkohol trinken. Alkohol kann aber bei Diabetikern, die mit Tabletten (Sulfonylharnstoffe) oder Insulin behandelt werden, eine Unterzuckerung (Hypoglykämie) auslösen, da Alkohol die Glukoseneubildung in der Leber hemmen kann.

Welche Getränke sind für Diabetiker sinnvoll, welche nicht?

Getränk	☺	☹	Empfehlung
Leitungswasser	✓		
Ungezuckertes Mineralwasser	✓		
Tee ohne Zucker	✓		
Kaffee ohne Zucker	✓		
Gemüsesaft	✓		Massvoll geniessen, bis 200 ml (2 dl) pro Tag ohne Berechnung der Kohlenhydrate. Wenn Sie mehr davon trinken, Kohlenhydrate einberechnen.
Light-Getränke (bis 12–15 g Kohlenhydrate pro Liter), Cola light usw.	✓		Massvoll geniessen; Analyse beachten.
Light-Getränke (über 15 g Kohlenhydrate pro Liter), Grapefruit light mit Fruchtanteil usw.		✓	Enthalten zu viele Kohenhydrate; Analyse beachten.
Ungezuckerte Fruchtsäfte		✓	Enthalten gelöste Kohlenhydrate und erhöhen daher den Blutzucker blitzschnell.
Gezuckerte Fruchtsäfte		✓	Enthalten gelöste Kohlenhydrate und erhöhen daher den Blutzucker blitzschnell.
Süssgetränke wie Cola, Zitronenlimonade, Sirup		✓	Enthalten gelöste Kohlenhydrate und erhöhen daher den Blutzucker blitzschnell.
Milch, Joghurt-Drink, Ovomaltine, Schokoladengetränke		✓	Nahrungsmittel und Getränk in einem. Den Kohlenhydratgehalt beachten.

Beachten Sie deshalb folgende Tips:

- Trinken Sie Alkohol nur *zu kohlenhydrathaltigem Essen* (sonst besteht eine vermehrte Unterzuckerungsgefahr!).
- Männer sollten pro Tag maximal 200–300 ml, Frauen maximal 100–200 ml Wein trinken.
- Wählen Sie eine gute Weinqualität.
- Aperitifgetränke, Cocktails und Bier enthalten zum Teil grosse Zuckermengen und sind deshalb nicht geeignet, da sie extreme Blutzuckerschwankungen auslösen können.
- Beachten Sie Ihr Gewicht! Alkohol ist energiereich (1 g Alkohol enthält 7 kcal oder 30 kJ).
- Achten Sie vermehrt auf Unterzuckerungszeichen (Hypoglykämie); Ihre Wahrnehmung für Unterzuckerungsanzeichen kann vermindert sein.

Fertigprodukte

In Lebensmittelgeschäften gibt es unzählige Fertigprodukte, die uns das Kochen abnehmen oder erleichtern. Sie sind für Diabetiker nicht grundsätzlich ungeeignet, aber gewisse Punkte sind zu berücksichtigen.

- Beachten Sie den Kohlenhydratgehalt, und rechnen Sie aus, was Ihrer normalen Portion entspricht.
- Beachten Sie den Fettgehalt. Fertigprodukte können fettreich sein.
- Fertigprodukte sind tendenziell salzreicher als Selbstgekochtes.
- Kombinieren Sie Fertigprodukte mit frischen Nahrungsmitteln, wie Salaten oder Früchten.

Geeignete Fertigprodukte sind:

Gemüse	Tiefgekühltes Gemüse, Gemüse in Dosen (Bohnen, Ratatouille, Spargeln, Pilze usw.), getrocknete Pilze oder Suppengemüse, fertige Tomatensaucen, Tomatenpüree, Essiggemüse (Essiggurken, Perlzwiebeln), Salate in Glas (Analyse beachten), Beutel oder Dose (Fett beachten), Sauerkraut, Dörrbohnen, fettfreie Bouillonpulver oder -würfel
Früchte	Fruchtkonserven ohne Zuckerzusatz, tiefgekühlte Früchte ohne Zuckerzusatz, Light-Konfitüre **(Kohlenhydrate einberechnen!)**
Stärkeprodukte	Gekochte Hülsenfrüchte in Dosen oder Gläsern, Maisschnitten, Rösti in Dosen (Fett beachten), vakuumisierte Spätzli, tiefgekühlte Spätzli oder Gnocchi, Suppen, Frischback-Vollkornbrötchen, Knäckebrot, Zwieback, ungezuckerte Vollkorn-Cracker, Schwedenbrötchen, Reiswaffeln, ungezuckerte Getreidestengel, fettreduzierte Pommes chips **(Kohlenhydrate einberechnen!)**
Eiweiss	Thunfisch nature, tiefgekühlter frischer Fisch oder Fleisch, Crevetten im Glas oder tiefgekühlt, Muscheln im Glas, Tofu (ohne Paniermehl), Quick-Tofu, Quorn **(Kohlenhydrate einberechnen!)**

Ernährungsberatung

Die persönliche Ernährungsberatung bietet Ihnen verschiedene Vorteile:

Sie geht auf Ihre individuellen Bedürfnisse ein, z.B. indem Sie zusammen mit einer diplomierten Ernährungsberaterin einen Tagesplan aufstellen, der Ihren persönlichen Energiebedarf, Ihre Arbeitstätigkeit, Ihre Essenszeiten, Ihre Ess- und Lebensgewohnheiten berücksichtigt.

Ihre Fragen werden kompetent beantwortet.

Sie erhalten in der Praxis erprobtes Wissen, z.B. wie Sie eine Sauce ohne Kohlenhydrate zubereiten, wie Sie Konfitüre ohne Zucker selber einkochen können.

Sie erhalten praktische Tips zur Erleichterung des Alltags, z.B. zum Einkaufen, zum Abnehmen, zum langsamen Essen.

Eine intensive Auseinandersetzung mit der Diabetesernährung wird unterstützt, so dass Sie Hintergründe und Zusammenhänge erkennen und selber entscheiden können, welche Empfehlungen wichtig für Sie und Ihren Diabetes sind.

Um die Adresse einer diplomierten Ernährungsberaterin in Ihrer Nähe zu erfahren, können Sie sich an folgende Adressen wenden:

- Ihren Diabetes-Spezialarzt oder Hausarzt
- Ihre Krankenkasse
- Schweizerischer Berufsverband dipl. Ernährungsberater und Ernährungsberaterinnen, Oberstadt 11, Postfach, 6204 Sempach, Telefon 041/462 70 66
- Deutscher Diabetiker-Bund e.V., Bundesgeschäftsstelle, Danziger Weg 1, 58511 Lüdenscheid, Telefon 02351/98 91 53
- Regionale Diabetes-Beratungsstellen

Diabetes und Sport

Mit einem Sportprogramm können Sie bei Diabetes Typ 1 und Typ 2 Ihre Ernährungsmassnahmen gezielt unterstützen. In zahlreichen Untersuchungen hat sich Ausdauersport von leichter bis mittlerer Intensität bei beiden Diabetestypen als vorteilhaft und sinnvoll für den Blutzucker- und Insulinspiegel erwiesen.

Sport bei Diabetes mellitus Typ 1

Durch optimale Insulintherapie und adäquate Ernährung sollen beim Diabetes mellitus Typ 1 normale Blutzuckerwerte erreicht werden. Sport spielt für die tägliche Blutzuckereinstellung keine wesentliche Rolle. Genau dosierte, kurzzeitige körperliche Aktivität kann höchstens helfen, unbefriedigende Blutzuckerprofile zu glätten. Regelmässiges Sporttreiben aber verbessert die Insulinsensibilität und bewirkt damit ein flacheres Tagesprofil des Blutzuckerspiegels. Zudem steigert sich durch Sport die Leistungsfähigkeit des Herz-Kreislauf-Systems deutlich und hilft, das Auftreten von diabetischen Folgeschäden zu verzögern.

Als Typ-1-Diabetiker müssen Sie wissen, dass Faktoren wie Art und Menge des Insulins, Zeitpunkt der Insulininjektion, Zeitpunkt, Dauer und Intensität der sportlichen Betätigung und Ihr Trainingszustand das Blutzuckerverhalten beeinflussen. Ebenfalls wichtig ist, was und wieviel Sie vor und während der sportlichen Tätigkeit essen und trinken.

Wenn Ihr Blutzucker gut eingestellt ist und Sie die verschiedenen Massnahmen zur Vermeidung von Stoffwechselentgleisungen (Hypoglykämie) bei Bedarf einzusetzen wissen, können Sie gefahrlos Sport treiben.

Sport bei Diabetes mellitus Typ 2

Der Diabetes mellitus Typ 2 umfasst verschiedene Störungen im Kohlenhydrat- und Fettstoffwechsel, Bluthochdruck, oft Übergewicht und fast immer Bewegungsmangel. Darum besteht bei Typ-2-Diabetikern ein erhöhtes Risiko von Herzgefässerkrankungen. Die Behandlung ist daher umfassend und nicht nur auf die Blutzuckerkontrolle ausgerichtet: Neben Medikamenten, Ernährung und Verhaltensinstruktion hat die Bewegungsförderung einen wichtigen Stellenwert. Bewegung beeinflusst verschiedene Symptome (z.B. Blutfettwerte, Blutdruck, Fettverteilung im Körper) des Typ-2-Diabetes günstig, wodurch das Risiko für Herz-Kreislauf-Erkrankungen deutlich sinkt. Für eine Gewichtsreduktion hingegen ist zusätzlich eine kalorienreduzierte Diät unerlässlich.

Das Ziel ist eine unmittelbare Senkung des Blutzuckers durch körperliche Aktivität und eine langfristige Reduktion der Werte durch regelmässige Bewegung.

Auswirkungen von Sport

- Der Kreislauf wird angeregt, Muskulatur und Organe werden besser durchblutet und besser mit Sauerstoff versorgt. Das ist gerade für Diabetiker wichtig, da bei ihnen die Gefässe zu arteriosklerotischen Schädigungen neigen.
- Das Herz wird bei regelmässiger sportlicher Betätigung rasch leistungsfähiger und kann seine permanente Arbeit ökonomischer ver-

richten. Sie merken das an niedrigeren Ruhepuls- und Blutdruckwerten.
- Die Knochen werden widerstandsfähiger. Wohldosiert belastete Gelenke entwickeln weniger Arthrosen.
- Für Sie als Diabetiker ist zudem wichtig zu wissen, dass Sport einen Effekt wie ein lange wirksames Insulin hat und die Blutzuckeraufnahme in die Muskulatur fördert.
- Und nicht zuletzt: Durch die durch sportliche Tätigkeit bewirkte Hormonausschüttung fühlen Sie sich psychisch besser, und gute Bewegungserfahrungen lassen Sie ein besseres Körpergefühl entwickeln.

Konditionsfaktoren sind Kraft, Ausdauer, Beweglichkeit und Koordination. Bei *Ausdauersportarten* sind die für Diabetiker gewünschten Effekte am grössten. Bei Übergewicht empfehlen sich *gelenkschonende* Sportarten.

Geeignete Ausdauersportarten sind zügiges Gehen, Wandern, Schwimmen, Radfahren, Rudern.

Tips und Tricks für ein sportliches Programm

Bereits täglich 15 Minuten Bewegung wirkt sich auf die Stoffwechselfunktionen aus. Bewegung findet auch im Alltag statt, es muss nicht immer im Sportdress sein! Mit kleinen Tricks erzielen Sie bereits einen grossen Effekt:
- Treppe statt Lift benützen
- Einkaufen zu Fuss oder mit dem Fahrrad
- Jeweils zur übernächsten Tramhaltestelle gehen
- Täglich 15 Minuten spazierengehen
- Während der Fernsehwerbung aufstehen und am Ort gehen

Um einen Effekt auf das Herz-Kreislauf-System zu erzielen, braucht es ein regelmässiges Sportprogramm 2- bis 3mal pro Woche während etwa einer halben Stunde.
- Beginnen Sie langsam und steigern Sie die Belastung dosiert: Mässig, aber regelmässig! Faustregel für die Belastungsintensität: Pulsfrequenz = 180 – Alter.
- Wählen Sie die Sportart, an der Sie Freude haben.
- Reservieren Sie sich eine feste, günstige Zeit für Ihre sportlichen Aktivitäten.
- Treiben Sie Sport mit Partner/in oder Freunden; schliessen Sie sich einer Gruppe an.
- Gönnen Sie Ihrem Körper nach einem Bewegungsprogramm Ruhe und Entspannung.

Integrieren Sie Bewegung in Ihren Alltag, Sie werden sehen, es geht täglich leichter.

Besprechen Sie ihre Sportabsichten mit Ihrem Arzt, mit Ihrer Ernährungsberaterin. Sie werden Sie darin sicher unterstützen, wissen aber auch um die für Sie nötigen Vorsichtsmassnahmen. Physiotherapeut/innen oder andere mit Diabetes vertraute Fachpersonen sind Ihnen gerne behilflich beim Zusammenstellen eines individuellen Programms.

Erkundigen Sie sich in Spitälern oder privaten Instituten über Kurse oder Sportgruppen für Diabetiker/Übergewichtige.

Welchen Weg Sie auch wählen, ich wünsche Ihnen viel Spass und Erfolg!

Karin Niedermann
Chef-Physiotherapeutin Innere Medizin
Rheumaklinik und Institut für Physikalische Medizin

Rezepte

Die Rezepte sind einheitlich rezeptiert und berechnet. Sie sind, wenn nicht anders angegeben, für *zwei Personen* gerechnet.

Die Kohlenhydratmenge rezeptierten wir für rund 1600–1800 Kilokalorien pro Tag, d.h. 30 g Kohlenhydrate für die Stärkebeilage und ca. 15 g Kohlenhydrate für das Dessert. Insgesamt also 40–45 g Kohlenhydrate pro Hauptmahlzeit.

Kohlenhydrate aus Gemüse und Salaten haben wir nicht in den Gesamtkohlenhydratgehalt miteinberechnet, da die Kohlenhydrate aus Gemüse für den Blutzuckerverlauf nach dem Essen unbedeutend sind.

Die Werte von Energie, Kohlenhydraten, Eiweiss (Protein), Fett, Nahrungsfasern und Cholesterin sind für *eine Person* umgerechnet und sollen Ihnen eine Orientierungshilfe bieten. Falls Sie einen höheren oder tieferen Energiebedarf haben, erleichtern Ihnen diese Nährstoffangaben eine Ergänzung oder Abänderung der Rezepte. Nährstoffe, die mit + bezeichnet sind, kommen lediglich in Spuren vor und sind daher für Sie vernachlässigbar.

Die Rezepte sind bewusst möglichst *fettarm* gehalten, vor allem von der Zubereitung und zum Teil auch von der Auswahl der Lebensmittel her – als Hilfestellung für diejenigen, die aufs Gewicht achten müssen. Falls Sie Ihr Gewicht nicht senken wollen, ersetzen Sie die fettarmen durch normale Produkte (z.B. halbfetten Käse durch vollfetten).

In einigen Rezepten verwenden wir pflanzliches Bindemittel (Nesvital). Als Mass dient hier der Messlöffel, der in der Dose mitgeliefert wird. Er entspricht einem Gramm.

Zu den Massen

ml	Milliliter (100 ml = 1 dl = 1/10 l)
ML	Messlöffel = 1 g (Nur verwendet für pflanzliches Bindemittel, z.B. Nesvital; der Messlöffel liegt der Packung bei.)

Zum Aperitif

Apéro-Häppchen

60 g halbfetter Frischkäse (St-Morêt léger, Philadelphia light)
60 g dreiviertelfetter Kräuter-Cantadou
2 TL Magerquark
schwarzer Pfeffer
½ Bund Basilikum oder Dill, fein geschnitten
1 Prise Salz

300 g Gemüse: Salatgurke, Tomaten, Chicoréeblätter
Kräuter zum Garnieren

◆ Alle Zutaten ausser dem Gemüse gut vermischen.
◆ Die Salatgurke in ½ cm dicke Scheiben schneiden, die Schale mit dem Messer verzieren oder mit einer Ausstechform daraus Sterne oder Herzen ausstechen. Die Tomaten in Scheiben schneiden. die Chicoréeblätter waschen. Das vorbereitete Gemüse auf Tellern oder einer Platte auslegen.
◆ Die Frischkäsemasse in einen Spritzsack mit Sterntülle füllen und auf das vorbereitete Gemüse spritzen. Mit einzelnen Kräuterblättern ausgarnieren. Bis zum Servieren kühl stellen.

Tips: Anstelle von frischen Kräutern 1 TL geraspelten Meerrettich oder ein ½ TL Currypulver unter die Frischkäsemasse rühren. Andere Gemüsesorten verwenden, zum Beispiel Karotten, Stangensellerie oder anderes Gemüse der Jahreszeit.

Pro Person:		
	89 Kalorien	+ g Kohlenhydrate
	10 g Protein	3 g Nahrungsfasern
	4 g Fett	10 mg Cholesterin

Apéro-Igel

Für 4–6 Personen

9–10 Cherrytomaten (Kirschtomaten)
1 Bund Radieschen
70 g kleine Champignons
½ gelber Peperone (Paprika)
3 Essiggurken

3 Halbfett-Streichkäse (z.B. Lido, Gervais)
Paprika, Pfeffer
20 Silberzwiebeln
30 g mageres Fleisch (z.B. Truthahnschinken)
10 schwarze Oliven

Salatblätter zum Ausgarnieren
½ Wirz (Wirsing) oder ½ Melone

◆ Das Gemüse vorbereiten, Peperone (Paprika) und Essiggurken in mundgerechte Stücke schneiden.
◆ Den Streichkäse in eine Schüssel geben und mit der Gabel zerdrücken. In einen Unterteller Pfeffer mahlen und Paprika streuen. Die Handflächen leicht mit Wasser befeuchten und den Streichkäse portionenweise zu kleinen Kugeln rollen, in den Gewürzen wenden, bis sie rundum davon bedeckt sind.
◆ Salatblätter auf einem Teller ausbreiten, den halben Wirzkopf oder die halbe entkernte Melone mit der Schnittfläche nach unten darauf stellen.
◆ Auf Holzspiesschen abwechselnd jeweils 3 bis 4 der Zutaten aufspiessen und diese in den Wirz oder die Melone stecken.

Pro Person:		
	76 Kalorien	+ g Kohlenhydrate
	5 g Protein	2 mg Nahrungsfasern
	4 g Fett	11 mg Cholesterin

Apéro-Igel

Chicoréeschiffchen

1 kleiner Chicorée
125 g halbfetter Frischkäse (St-Môret léger, Philadelphia light)
grüner Pfeffer
½ Bund Petersilie
½ roter Peperone (Paprika)
½ Bund Petersilie zum Garnieren

◆ Die Chicoréeblätter auf einer grossen Glasplatte anrichten.
◆ Den Frischkäse mit Pfeffer abschmecken. Die Petersilie fein hacken und daruntermischen. Die Masse in einen Plastiksack füllen, eine Spitze abschneiden und die Masse in die untere Hälfte der Chicoréeblätter spritzen.
◆ Den Peperone (Paprika) vierteln und in ca. 1½ cm dicke Streifen schneiden. Die Streifen wie ein Segel auf Zahnstocher spiessen und als Flagge in die Chicorée-Schiffchen stecken.
◆ Mit Petersilienbüscheln ausgarnieren.

Tip: Mit anderem kleingeschnittenem Gemüse wie Karotte, Fenchel, Gurke ergänzen.

Pro Person:	84 Kalorien	+ g Kohlenhydrate
	8 g Protein	2 g Nahrungsfasern
	4 g Fett	11 mg Cholesterin

Essiggemüse

300 g Gemüse wie Karotten, Broccoli, rote Peperoni (Paprika), kleine Champignons

Sud:
200 ml Kräuteressig
50 ml Wasser
2 Tropfen flüssiger Süssstoff
1 Knoblauchzehe
½ TL Salz
2 Nelken
1 kleines Lorbeerblatt
4 Pfefferkörner
½ TL Senfkörner

◆ Das Gemüse in mundgerechte Stücke schneiden und auf einem Dämpfeinsatz oder in einem Sieb kurz knapp weich dämpfen.
◆ Die Zutaten des Suds in einen Topf geben, aufkochen und über das Gemüse giessen. Auskühlen lassen.
◆ Das Essiggemüse anrichten und dazu Zahnstocher zum Herauspicken reichen.

Tips: Anstelle von frischem Gemüse eine tiefgekühlte Gemüsemischung verwenden.

Anstelle der Senfkörner grobkörnigen Senf nehmen; der Sud wird dann allerdings etwas trüb.

Die doppelte Menge zubereiten und heiss in Einmachgläser einfüllen. Sofort verschliessen und die Gläser zum Auskühlen auf den Kopf stellen. Dies ist eine ideale Verwertung von Sommergemüse.

Pro Person:	33 Kalorien	+ g Kohlenhydrate
	4 g Protein	4 g Nahrungsfasern
	+ g Fett	0 mg Cholesterin

Essiggemüse

Käse-Lauch-Tatar

Für 4 Personen

$^1/_4$ Lauchstengel
1 Scheibe Fleischkäse oder magerer Schinken (20 g)
60 g halbfetter Tilsiter
70 g Blanc battu
1 TL Senf
1 EL Essig
Salz, Pfeffer
1 EL gehackte Petersilie

60 g kleine Vollkorn-Cracker
Petersilie und Tomatenschnitze zum Ausgarnieren

◆ Den Lauch sehr fein hacken, den Fleischkäse oder Schinken in feine Würfelchen schneiden. Den Käse fein reiben.

◆ Den Blanc battu mit Senf, Essig, Salz und Pfeffer verrühren. Lauch, Fleischkäse und Käse beifügen und mischen. Die gehackte Petersilie darunterziehen.

◆ Die Masse mit einem Teelöffel auf die Cracker verteilen und mit Petersilie garnieren. Die Tomatenschnitze zum Ausgarnieren der Platte verwenden.

Pro Person:	123 Kalorien	10 g Kohlenhydrate
	10 g Protein	2 g Nahrungsfasern
	5 g Fett	9 mg Cholesterin

Marinierte Auberginen

1 Aubergine (250–300 g)
$^1/_2$ TL Salz
1 EL Olivenöl
1 Peperoncino
2 Knoblauchzehen
100 ml Kräuteressig
Pfeffer
1 kleines Lorbeerblatt
$^1/_2$ Bund Basilikum

◆ Die Aubergine ungeschält in etwa 3 mm dicke Scheiben schneiden und auf eine Platte legen. Das Salz darüberstreuen und $^1/_2$ Stunde ziehen lassen, dann die entstandene Flüssigkeit abtupfen. Die Auberginenscheiben mit Haushaltpapier trockentupfen.

◆ Eine beschichtete Pfanne erhitzen. Die Auberginenscheiben ohne Fettstoff kurz beidseitig anbraten und wieder auf die Platte legen. Noch warm mit dem Olivenöl bepinseln.

◆ Den Peperoncino und den Knoblauch fein hacken.

◆ Den Essig aufkochen, Knoblauch, Peperoncino, Pfeffer und Lorbeerblatt zugeben und aufkochen lassen. Den Sud heiss über das Gemüse giessen. Abkühlen und einen halben Tag zugedeckt marinieren lassen.

◆ Vor dem Servieren Basilikum fein hacken und darüberstreuen. Zum Aufstechen Zahnstocher dazu reichen.

Tips: Anstelle von Auberginen Zucchini verwenden. Peperoncini lassen sich auf Vorrat fein hacken und einfrieren und können dann gefroren weiterverwendet werden.

Pro Person:	70 Kalorien	+ g Kohlenhydrate
	2 g Protein	4 g Nahrungsfasern
	5 g Fett	0 mg Cholesterin

Suppen und Vorspeisen

Blumenkohl-Cremesuppe

1 kleine Zwiebel
1 Knoblauchzehe
200–250 g Blumenkohl
2 EL Wasser
250 ml Gemüsebouillon
½ Bund Petersilie
Salz, Pfeffer
½ ML pflanzliches Bindemittel (z.B. Nesvital)
2 TL Kaffeerahm

◆ Die Zwiebel fein hacken, den Knoblauch pressen. Den Blumenkohl in Röschen teilen.

◆ Zwiebel und Knoblauch in wenig Wasser andünsten, mit der Bouillon ablöschen, die Blumenkohlröschen beigeben und rund 10 Minuten bei mittlerer Hitze weich dünsten. 30 g Blumenkohl als Suppeneinlage beiseite stellen. Den restlichen Blumenkohl und die Bouillon mit dem Stabmixer pürieren. Das Bindemittel beigeben und gut verrühren, etwas ziehen lassen.

◆ Die Petersilie fein hacken. Die Suppe mit Salz, Pfeffer und Petersilie abschmecken.

◆ Die beiseitegestellten Blumenkohlröschen in mundgerechte Stücke schneiden und als Suppeneinlage beigeben.

◆ Den Kaffeerahm darunterziehen und die Suppe heiss servieren.

Tips: Statt Blumenkohl frische Spargeln nehmen. Doppelte Menge zubereiten; einen Teil tiefkühlen.

Pro Person:		
	40 Kalorien	+ g Kohlenhydrate
	3 g Protein	3 g Nahrungsfasern
	1 g Fett	3 mg Cholesterin

Grüne-Bohnen-Suppe

250 g grüne Bohnen
1 Bund Bohnenkraut
1 kleine Zwiebel
1 EL Wasser
400 ml Gemüsebouillon
2 EL Kaffeerahm
eventuell Salz
Pfeffer, Paprika
2 Zweiglein Bohnenkraut für die Garnitur

◆ Die Bohnen blanchieren und in 2 cm lange Stücke schneiden.

◆ Das Bohnenkraut mit dem Stiel fein hacken.

◆ Die Zwiebel fein hacken und in wenig Wasser andünsten. Dann die Bohnen und das Bohnenkraut beigeben, mit der Bouillon ablöschen und 15 Minuten bei schwacher Hitze köcheln lassen. Ein paar Bohnen als Suppeneinlage beiseite stellen. Den Rest mit dem Stabmixer pürieren.

◆ Die beiseitegestellten Bohnen in 1 cm lange Stücke schneiden, in die Suppe geben und nochmals 2 Minuten warm werden lassen.

◆ Den Kaffeerahm unterrühren, die Suppe mit Salz, Pfeffer und Parika würzen und mit Bohnenkrautzweiglein garniert servieren.

Tip: Die doppelte Menge zubereiten und die Hälfte tiefkühlen.

Pro Person:		
	68 Kalorien	+ g Kohlenhydrate
	4 g Protein	7 g Nahrungsfasern
	2 g Fett	4 mg Cholesterin

Kürbissuppe

120 g Kartoffeln
50 g Karotten
400 g Kürbis
600 ml Gemüsebouillon
50 g Kohl
Salz, Pfeffer, Muskatnuss
wenig glattblättrige Petersilie

◆ Kartoffeln, Karotten und 200 g Kürbis würfeln und in der Gemüsebouillon weich kochen. Anschliessend pürieren.
◆ Den Kohl und den restlichen Kürbis fein würfeln.
◆ Den Kohl zur Suppe geben und weich köcheln.
◆ Dann die Kürbiswürfel zugeben und noch 5 Minuten mitköcheln lassen.
◆ Die Suppe mit Salz, Pfeffer und wenig Muskat abschmecken.
◆ Die Petersilie fein hacken und die Suppe damit garnieren.

Tips: Anstelle von Muskatnuss geriebenen Ingwer verwenden.
Mit Vollkornbrot, Käse und einem gemischten Salat ergibt dies eine vollständige Mahlzeit.

Pro Person:	104 Kalorien	10 g Kohlenhydrate
	4 g Protein	8 g Nahrungsfasern
	+ g Fett	0 mg Cholesterin

Französische Zwiebelsuppe

40 g magerer Schinken
200 g Zwiebeln
400 ml Gemüsebouillon
Pfeffer, Estragon
40 g Weissbrot
60 g halbfetter Käse (z.B. Bündner oder anderer Bergkäse)

◆ Den Schinken würfeln und die Zwiebeln fein hacken.
◆ Eine Stielpfanne ohne Fett erhitzen, den Schinken und die Zwiebeln unter ständigem Rühren darin andämpfen. Mit der Gemüsebouillon ablöschen und 15 Minuten köcheln lassen.
◆ Mit Pfeffer und Estragon abschmecken.
◆ Inzwischen das Weissbrot ohne Fett rösten und in 1 cm grosse Würfelchen schneiden. Den Käse reiben.
◆ Die Brotwürfelchen und den Käse über die Suppe streuen und servieren.

Tip: Ideal als warme Vorspeise vor einem kleinen kalten Abendessen.

Pro Person:	183 Kalorien	10 g Kohlenhydrate
	16 g Protein	2 g Nahrungsfasern
	7 g Fett	30 mg Cholesterin

Fischsuppe

150 g Gemüse: Zwiebeln, Sellerie, Karotten, Lauch, Tomate
1 kleine Knoblauchzehe
1 TL Öl (z.B. Erdnussöl)
1 kleines Lorbeerblatt
Thymian
Salz, Pfeffer
50 ml Weisswein
400 ml Fischsud
200 g Seeteufel
1 ML pflanzliches Bindemittel (z.B. Nesvital)
1 Msp. Safran
1 Eigelb
2 EL Halbrahm
Schnittlauch als Garnitur

◆ Das Gemüse und den Knoblauch feinblättrig schneiden.

◆ Das Öl erhitzen und das Gemüse darin zusammen mit dem Knoblauch und den Gewürzen (ohne Safran) glasig dämpfen. Mit Weisswein und Fischsud ablöschen.

◆ Den Seeteufel in etwa 3 cm breite Scheiben schneiden und in der Suppe 3–4 Minuten ziehen lassen. Dann warm stellen.

◆ Das Bindemittel und den Safran einrühren und die Suppe eventuell noch mit etwas Salz und Pfeffer abschmecken. Kurz aufkochen und etwas ziehen lassen.

◆ Das Eigelb und den Halbrahm beigeben und unterrühren. Nicht mehr kochen lassen!

◆ Den Fisch in eine vorgewärmte Schüssel geben, die Suppe mit dem Gemüse darübergiessen und mit etwas gehacktem Schnittlauch bestreuen.

Tips: Mit einem reichhaltigen Salat als Vorspeise und etwas Vollkornbrot ergibt dies eine vollständige Mahlzeit.

Anstelle von Seeteufel Flunder verwenden.

Fischsud ist tiefgekühlt oder als Pulver erhältlich.

Pro Person:	223 Kalorien	+ g Kohlenhydrate
	22 g Protein	35 g Nahrungsfasern
	12 g Fett	250 mg Cholesterin

Spargeln an Vinaigrettesauce

500 g grüne oder weisse Spargeln
1 l Wasser
1 TL Salz

Vinaigrettesauce:
1 EL Öl (z.B. Oliven- oder Sonnenblumenöl)
2 EL Essig
1 EL Zitronensaft
2 EL Gemüsebouillon
1 TL Senf
1 kleine Zwiebel
½ Bund Petersilie
½ Bund Schnittlauch
½ hartgekochtes Ei
1 kleine Essiggurke
1 Knoblauchzehe
1 EL Kapern
Salz, Pfeffer

◆ Weisse Spargeln gründlich, grüne Spargeln sparsam schälen. Die Köpfchen nicht beschädigen.

◆ Das Wasser aufkochen, salzen, die Spargeln beifügen und auf kleiner Stufe zugedeckt köcheln: weisse Spargeln 25–30 Minuten, grüne Spargeln 15–20 Minuten.

◆ Für die Sauce Öl, Essig, Zitronensaft, Bouillon und Senf verrühren.

◆ Zwiebel, Petersilie, Schnittlauch, das Ei und die Essiggurke fein hacken, den Knoblauch pressen, zur Sauce geben und vermischen. Die Kapern beifügen und die Sauce mit den Gewürzen abschmecken.

◆ Die Spargeln abgiessen und schön auf zwei Tellern anrichten. Die Vinaigrettesauce über die Spargelspitzen verteilen und servieren.

Tips: Wenn Sie keine frischen Spargeln zur Verfügung haben, Spargeln aus der Dose leicht erhitzen, auf Tellern anrichten und die Sauce über die Spitzen giessen.

Anstelle von Spargeln Zucchini oder Auberginen verwenden. Diese in Scheiben schneiden, in einer beschichteten Pfanne ohne Fett anbraten, anrichten und die Vinaigrettesauce darüber verteilen.

Pro Person:	112	Kalorien	+ g	Kohlenhydrate
	6 g	Protein	4 g	Nahrungsfasern
	7 g	Fett	56 mg	Cholesterin

Gefüllte Eier auf Salatbett

2 kleine Eier
1 EL Halbfettquark
1 EL Halbrahm
1 TL Senf
Salz
Pfeffer, Paprika
½ Schalotte
½ Bund Schnittlauch
½ Karotte
30 g Romanesco-Röschen
1 Handvoll Kefen (Kaiserschoten)
100 ml Gemüsebouillon
3–4 Blätter Endivie
1 Handvoll Nüsslisalat (Feldsalat)

1 Portion Italienische Salatsauce (Seite 117)

Garnitur:
je eine halbe Olive und kleine Kräuterspitzen (z.B. Dill, Petersilie) oder zu Fächern geschnittene kleine Essiggurken oder Radieschen in Scheiben und 6 Kapern

◆ Die Eier 10–12 Minuten kochen, dann kalt abschrecken, schälen und längs halbieren.
◆ Das Eigelb mit einem Teelöffel herausheben und mit dem Quark, Rahm, Senf und den Gewürzen gut vermischen.
◆ Schalotte und Schnittlauch sehr fein hacken und unterrühren.
◆ Die Eimasse in einen kleinen Plastiksack füllen, unten eine Ecke abschneiden und den Inhalt in die Eihälften spritzen. Schön ausgarnieren.
◆ Für das Salatbett die Karotte in Scheiben schneiden. Zusammen mit den Romanesco-Röschen und Kefen in der Gemüsebouillon bissfest kochen. Kurz auskühlen lassen.
◆ Zwei kleine Teller mit den Salatblättern und dem gekochten Gemüse auslegen und die gefüllten Eier darauf anrichten.
◆ Die Italienische Salatsauce separat dazu servieren.

Tips: Anstelle von Schalotte Zwiebel nehmen.
Romanesco ist eine Kreuzung zwischen Broccoli und Blumenkohl. An seiner Stelle kann auch Blumenkohl oder Broccoli verwendet werden.

Pro Person:	182 Kalorien	+ g Kohlenhydrate
	10 g Protein	2 g Nahrungsfasern
	14 g Fett	222 mg Cholesterin

Sommer-Tomaten

2 Fleischtomaten (ca. 400–450 g)
1 Knoblauchzehe
1 hartgekochtes Ei
1 Bund Basilikum
150 g Hüttenkäse
Pfeffer, Salz
einige Basilikumblätter für die Garnitur
2 grosse Salatblätter
wenig Kresse

◆ Den Stielansatz der Tomaten entfernen und einen Deckel abschneiden. Die Tomaten mit Hilfe eines Löffels aushöhlen.
◆ Den Knoblauch pressen. Das Ei fein würfeln und den Basilikum fein hacken. Knoblauch, Ei und Basilikum unter den Hüttenkäse mischen und mit etwas Pfeffer und Salz abschmecken.
◆ Die Masse in die ausgehöhlten Tomaten füllen und den Deckel wieder aufsetzen.
◆ Mit Basilikumblättern garnieren und auf einem grossen Salatblatt anrichten. Etwas Kresse danebenlegen.

Tips: Als Variante die gefüllten Tomaten in der Mitte des Ofens 15–20 Minuten bei 180 Grad schmoren und lauwarm auf Blattsalat servieren.

Anstelle von 2 Fleischtomaten 4 kleine Tomaten verwenden.

Pro Person:	154	Kalorien	+ g	Kohlenhydrate
	15 g	Protein	4 g	Nahrungsfasern
	7 g	Fett	115 mg	Cholesterin

Roquefort-Avocado

1 reife Avocado (ca. 300–400 g)
1 TL Zitronensaft
3 EL Roquefort (ca. 50 g)
3 EL (ca. 75 g) halbfetter Frischkäse
(St-Môret léger, Philadelphia light)
Pfeffer
6 Baumnusskerne, 2 davon für die Garnitur
2 grosse Salatblätter
½ Bund Schnittlauch

◆ Die Avocado halbieren, den Stein entfernen und das Fruchtfleisch mit Zitronensaft beträufeln.
◆ Den Roquefort und den Frischkäse vermischen und mit Pfeffer abschmecken.
◆ Vier Baumnusskerne grob hacken und unter die Füllung geben.
◆ Die Füllung in die Avocadohälften verteilen und mit je einem Baumnusskern garnieren.
◆ Die Avocados auf je einem grossen Salatblatt anrichten, mit Schnittlauch garnieren und sofort servieren.

Pro Person:	446	Kalorien	+ g	Kohlenhydrate
	12 g	Protein	8 g	Nahrungsfasern
	43 g	Fett	20 mg	Cholesterin

Crevettencocktail

100 g tiefgekühlte Crevetten
2 EL Blanc battu
2 EL Light-Mayonnaise
1 EL Ketchup
1 TL Zitronensaft
Salz, Pfeffer
1 Msp. Chili
Paprika
1–2 Tropfen Tabasco
½ Bund Dill
Salatblätter zum Anrichten
2 Dillzweiglein für die Garnitur

◆ Die Crevetten auftauen und gut abtropfen lassen. Blanc battu, Mayonnaise, Ketchup und Zitronensaft mischen und würzen.
◆ Den Dill fein hacken und darunterziehen.
◆ Die Crevetten mit der Sauce gut mischen.
◆ Salatblätter auf Tellern auslegen, den Crevettencocktail in der Mitte darauf anrichten und mit einem Dillzweiglein garnieren.

Tip: Anstelle von Dill Schnittlauch verwenden.

Pro Person:	91 Kalorien	+ g Kohlenhydrate
	9 g Protein	+ g Nahrungsfasern
	4 g Fett	81 mg Cholesterin

Zucchinigratin

Je 100–150 g grüne und gelbe Zucchini
Salz, Pfeffer
2–3 Knoblauchzehen
1 Bund Petersilie
1 TL Olivenöl
2 EL Sesam
1 EL Kapern
100 ml Gemüsebouillon
50 g halbfetter Tilsiter

◆ Die Zucchini waschen und längs in 2–3 mm dicke Scheiben schneiden. Salzen und pfeffern und ziegelartig in eine Gratinform schichten.
◆ Den Knoblauch pressen und die Petersilie fein hacken.
◆ Den Backofen auf 180 Grad vorheizen.
◆ Eine Pfanne erhitzen, das Olivenöl zugeben und darin den Knoblauch, den Sesam und die Kapern andämpfen, mit der Bouillon ablöschen, die Petersilie beigeben und kurz mitdünsten. Diesen Würzfond über die Zucchinischeiben verteilen.
◆ Den Käse reiben und über die Zucchinischeiben streuen.
◆ In der Mitte des vorgeheizten Ofens 20 Minuten gratinieren, dann die Hitze auf 200 Grad erhöhen und weitere 5 Minuten Farbe nehmen lassen.

Tips: Die Zucchini in kleine Gratinformen verteilen und als Einzelportionen gratinieren und servieren.
Den Käse in Scheiben schneiden, über die Zucchini legen und gratinieren.

Pro Person:	170 Kalorien	+ g Kohlenhydrate
	11 g Protein	2 g Nahrungsfasern
	12 g Fett	10 mg Cholesterin

Lachsforellenmousse

Für 6 Personen

250 g Lachsforellenfilets
1 grosses Ei
50 ml Milch-Drink (Trinkmilch)
50 ml Halbrahm
½ ML pflanzliches Bindemittel (z.B. Nesvital)
Salz, Pfeffer

Sauce:
½ Zwiebel
½ Karotte
30 g Lauch
30 g Knollensellerie
½ Bund Petersilie
120 ml Fischsud
100 ml Weisswein
¼–½ ML pflanzliches Bindemittel (z.B. Nesvital)
50 ml Halbrahm
Salz, Pfeffer
½ Bund Schnittlauch

Salatblätter zum Ausgarnieren

◆ Den Backofen auf 160 Grad vorheizen.
◆ Die Lachsforellenfilets im Mixer pürieren. Das Ei beigeben und weitermixen. Milch, Rahm und das Bindemittel darunterrühren und mit Salz und Pfeffer abschmecken.
◆ Die Masse in sechs Portionenförmchen verteilen und diese in eine feuerfeste Form stellen. Die Form vorsichtig mit Wasser auffüllen, ohne dass Wasser in die Portionenförmchen läuft. Die ganze Form mit Alufolie zudecken.
◆ Im vorgeheizten Backofen auf der untersten Rille 40 Minuten pochieren.
◆ In der Zwischenzeit für die Sauce Gemüse und Petersilie fein hacken und mit dem Fischsud und Weisswein in einen Topf geben. Aufkochen und die Flüssigkeit etwas einköcheln lassen.
◆ Das Gemüse absieben, die Flüssigkeit in den Topf zurückgiessen. Das Bindemittel beigeben und 5–10 Minuten ziehen lassen. Den Halbrahm unterrühren und die Sauce mit Salz und Pfeffer abschmecken.
◆ Den Schnittlauch fein hacken und darüberstreuen.
◆ Die Förmchen auf Teller stellen, mit Sauce überziehen und auskühlen lassen.
◆ Mit Salatblättern ausgarnieren.

Tips: Anstelle von Lachsforelle Forellenfilets verwenden.
Fischsud ist tiefgekühlt oder als Pulver erhältlich.

Pro Person:	120 Kalorien	+ g Kohlenhydrate
	10 g Protein	+ g Nahrungsfasern
	7 g Fett	71 mg Cholesterin

Gratinierte Champignons

4 grosse Champignons (200 g)
Zitronensaft

Füllung:
1 Zwiebel
1 Knoblauchzehe
1 Bund Petersilie
1 TL Butter
Salz, Pfeffer
Paprika
30 g Weichkäse mit Pfefferkörnern
50 ml Gemüsebouillon

Salatsauce:
1 TL grobkörniger Senf
Salatgewürz, Pfeffer
2 EL frische Salatkräuter, z.B. Petersilie, Schnittlauch
3 EL Himbeeressig
2 EL Gemüsebouillon
1 EL Sonnenblumenöl

2 Portionen Rucolasalat
Petersilie als Garnitur

◆ Die Champignons putzen. Die Stiele abschneiden und beiseite legen. Die Champignonköpfe mit etwas Zitronensaft beträufeln.

◆ Den Backofen auf 200 Grad vorheizen.

◆ Für die Füllung Zwiebel, Knoblauch, Petersilie und die beiseitegelegten Champignonstiele fein hacken. Die Butter erhitzen und alles kurz bei mittlerer Hitze dämpfen. Etwas abkühlen lassen, würzen und in die umgedrehten Champignonköpfe füllen. Leicht anpressen. Die gefüllten Champignons in eine Gratinform stellen. Falls Füllung übrigbleibt, über die Champignons streuen.

◆ Vom Käse die Rinde entfernen, den Käse in 4 feine Scheiben schneiden und über die Champignons verteilen.

◆ Die Bouillon in die Form füllen und die Pilze in der Mitte des vorgeheizten Ofens etwa 15 Minuten überbacken.

◆ In der Zwischenzeit die Zutaten zur Salatsauce verrühren, mit dem Salat mischen und auf 2 Tellern anrichten. Mit Petersilie garnieren.

◆ Die warmen Champignons auf dem Salat anrichten und warm servieren.

Tips: Rucolasalat durch andere Salatsorten ersetzen.

Die doppelte Menge zubereiten und zusammen mit Baked Potatoes als Abendessen servieren.

Pro Person:	110 Kalorien	+ g Kohlenhydrate
	7 g Protein	2 g Nahrungsfasern
	9 g Fett	10 mg Cholesterin

Herbsttrompetenflan

10 g getrocknete Herbsttrompeten
100 g Champignons
½ Bund Petersilie
1 kleine Zwiebel
50 ml Kaffeerahm
1 Ei
Salz, Pfeffer
Muskatnuss

Sauce:
100 ml Kaffeerahm
100 ml Gemüsebouillon
Salz, Pfeffer
100 g Champignons
¼ ML pflanzliches Bindemittel (z.B. Nesvital)
Kräuterzweiglein als Garnitur

◆ Die Herbsttrompeten gemäss Packungsanleitung einweichen, waschen und gut abtropfen lassen.
◆ Die Champignons in Scheiben schneiden. Petersilie und Zwiebel fein hacken.
◆ Eine beschichtete Pfanne ohne Fett erhitzen, die Zwiebel darin andünsten. Die Hitze reduzieren und die Champignons beifügen. Den Kaffeerahm zugeben und einköcheln. Auskühlen lassen.
◆ Die Hälfte der Herbsttrompeten fein hacken und kurz ohne Fett andünsten.
◆ Die gedünsteten Champignons zusammen mit dem Ei und den Gewürzen mit dem Stabmixer pürieren, die Petersilie und die gedünsteten Herbsttrompeten daruntermischen.
◆ Den Backofen auf 180 Grad vorheizen.
◆ Die Masse in beschichtete Förmchen füllen. Die Förmchen in eine Gratinform stellen und diese mit heissem Wasser auffüllen, ohne dass Wasser in die Förmchen gelangt. Die Förmchen mit Alufolie bedecken und auf der untersten Rille im vorgeheizten Ofen 35–45 Minuten pochieren.
◆ Für die Sauce Kaffeerahm, Bouillon und Gewürze mischen.
◆ Die Champignons blättrig schneiden, zusammen mit den restlichen Herbsttrompeten zur Sauce geben.
◆ Bei schwacher Hitze zugedeckt 5 Minuten köcheln lassen, das Bindemittel beigeben und weitere 5 Minuten nicht zugedeckt ziehen lassen.
◆ Die Förmchen auf vorgewärmte Teller stürzen, mit der Pilzsauce umgiessen und mit Kräuterzweiglein ausgarnieren.

Pro Person:	187 Kalorien	+ g Kohlenhydrate
	9 g Protein	5 g Nahrungsfasern
	15 g Fett	142 mg Cholesterin

Pastetchen auf Lollo

8 Minipastetchen

Spinatfüllung:
40 g pürierter Spinat
1 TL Hüttenkäse
Salz, Pfeffer
1 Msp. Muskatnuss
1 Knoblauchzehe
1 EL Kaffeerahm
1 EL geriebener halbfetter Tilsiter

Lachsfüllung:
50 g geräucherter Lachs
½ kleine Zwiebel
Pfeffer
1 TL Meerrettichpaste
1 EL Kaffeerahm

½ Kopf Lollosalat
Französische oder Italienische Salatsauce (Seite 117)
1 TL Kapern
Dillzweige zum Garnieren

◆ Den Backofen auf 200 Grad vorheizen.

◆ Für die Spinatfüllung den Spinat mit dem Hüttenkäse, den Gewürzen, dem gepressten Knoblauch, Kaffeerahm und Käse mischen. Vier der Pastetchen damit füllen.

◆ Für die Lachsfüllung den Lachs fein schneiden, die Zwiebel hacken und die restlichen Zutaten beifügen; nach Belieben mixen. Damit die restlichen vier Pastetchen füllen.

◆ Die Pastetchen in der Mitte des vorgeheizten Ofens 10–15 Minuten überbacken.

◆ In der Zwischenzeit den Salat und die Salatsauce vorbereiten, mischen und auf Teller verteilen. Die überbackenen Pastetchen zum Salat anrichten, die Lachspastetchen mit Kapern bestreuen und die Teller mit Dillzweigen garnieren.

Tips: Minipastetchen erhalten Sie in Supermärkten und Delikatessengeschäften. Anstelle vom Minipastetchen Vollkorntoastbrotscheiben diagonal zerschneiden, die Dreiecke mit Füllung bestreichen und backen.

Pro Person:	258 Kalorien	10 g Kohlenhydrate
	13 g Protein	1 g Nahrungsfasern
	17 g Fett	54 mg Cholesterin

Gemüsesalate

Fenchelsalat

1 grosser Fenchel
1 Orange
1 EL Mandelsplitter

Sauce:
Salatkräuter
1 TL Senf
1 TL Light-Mayonnaise
Salz, Pfeffer
1 EL Essig
2 EL Gemüsebouillon
1 EL Sonnenblumenöl
1 TL Blanc battu

Petersilie zum Garnieren

◆ Für die Sauce die Salatkräuter fein hacken und mit den übrigen Saucenzutaten vermischen.
◆ Den Fenchel in feine Scheiben schneiden und sofort mit der Sauce vermischen.
◆ Die Orange schälen und in feine Stücke schneiden, ebenfalls unter den Salat mischen.
◆ Die Mandelsplitter in einer beschichteten Pfanne ohne Fettstoff anrösten, bis sie gut riechen. Über den Salat verteilen.
◆ Mit Petersiliensträusschen ausgarnieren.

Tip: Wer's säuerlich mag, nimmt anstelle der Orange eine halbe rosa Grapefruit.

Pro Person:	160 Kalorien	10 g Kohlenhydrate
	5 g Protein	6 g Nahrungsfasern
	11 g Fett	10 mg Cholesterin

Broccolisalat auf rotem Cicorino

450 g Broccoli

Sauce:
1 EL Senf
½ TL italienische Kräutermischung
Salz, schwarzer Pfeffer
3 EL Himbeer- oder Kräuteressig
1 EL Wasser
1 EL Olivenöl

1 Kopf Cicorino rosso
8–10 schwarze und grüne Oliven
Zwiebelringe als Garnitur

◆ Alle Zutaten der Salatsauce mischen.
◆ Den Broccoli in mundgerechte Röschen teilen und in wenig Wasser oder auf dem Siebeinsatz über Dampf zugedeckt 3–5 Minuten garen. Die Broccoliröschen sollten noch knackig sein. Gut abtropfen lassen und noch warm mit der Salatsauce vermischen. Mindestens 15 Minuten ziehen lassen.
◆ Den Cicorino rosso grob schneiden und auf Tellern verteilen. Den Broccolisalat darauf anrichten und mit Oliven und Zwiebelringen bestreuen.

Tip: Anstelle von Oliven 2 EL Pinienkerne verwenden.

Pro Person:	145 Kalorien	+ g Kohlenhydrate
	8 g Protein	8 g Nahrungsfasern
	9 g Fett	0 mg Cholesterin

Broccolisalat auf rotem Cicorino

Randensalat

2 faustgrosse Randen (rote Bete) (ca. 200 g), gekocht oder roh
½ kleiner säuerlicher Apfel
1 kleiner weisser Chicorée

Sauce:
1 TL Senf
2 TL Meerrettichpaste ohne Mayonnaise
½ TL Salatkräuter
½ Bund gehackter Dill
Pfeffer
3 EL Aceto balsamico di Modena
2 EL Wasser
1 EL Olivenöl

◆ Die Zutaten der Salatsauce mischen.
◆ Die Randen (rote Bete) schälen und direkt in die Sauce reiben, untermischen.
◆ Den Apfel ebenfalls zum Salat reiben und sofort vermischen. Etwa 15 Minuten ziehen lassen.
◆ Die Chicoréeblätter rosettenförmig auf den Tellern auslegen und den Randensalat in der Mitte darauf anrichten.

Pro Person:	87 Kalorien	5 g Kohlenhydrate
	1 g Protein	3 g Nahrungsfasern
	5 g Fett	0 mg Cholesterin

Sauerkrautsalat mit Birnen

150 g rohes Sauerkraut
160 g Birnen, entkernt

Sauce:
2 EL Weisswein- oder Apfelessig
50 ml Gemüsebouillon
1 EL Milch-Drink (Trinkmilch)
50 ml saurer Halbrahm
1 EL Light-Mayonnaise
Pfeffer

Salatblätter
6 Baumnusskerne
Schnittlauch zum Garnieren

◆ Das Sauerkraut kalt abspülen und gut abtropfen lassen. Die Birne würfeln.
◆ Alle Saucenzutaten vermischen, die Birnenwürfelchen zufügen und kurz darin ziehen lassen.
◆ Das Sauerkraut mit einer Gabel lockern, zur Salatsauce geben und etwa eine Stunde ziehen lassen.
◆ Den Sauerkrautsalat auf Salatblättern anrichten, mit je 3 Baumnusskernen und fein geschnittenem Schnittlauch garnieren.

Pro Person:	211 Kalorien	15 g Kohlenhydrate
	4 g Protein	4 g Nahrungsfasern
	15 g Fett	19 mg Cholesterin

Waldorfsalat

400 g Knollensellerie (1 mittlere Knolle)
45 g säuerlicher Apfel
40 g frische, geschälte Ananas
Petersilie als Garnitur

Sauce:
1 TL Senf
Salz, Pfeffer
2 EL frische Kräuter
4 TL Light-Mayonnaise
4 EL Blanc battu
5 EL Wasser oder Gemüsebouillon
2 EL Zitronensaft
2 EL Milch-Drink (Trinkmilch)

◆ Die Zutaten der Sauce mischen.
◆ Den Sellerie schälen, direkt in die Sauce raffeln und sofort vermischen.
◆ Den Apfel in kleine Würfel schneiden und ebenfalls sofort mit der Sauce vermischen.
◆ Die Ananas würfeln und unter den Salat mischen. Mit Petersilie garnieren.

Tips: Statt Apfel und Ananas nur eine der Früchte nehmen, dann jedoch die doppelte Menge. Ungezuckerte Ananas aus der Dose verwenden.

Auf grünem Salat anrichten.

Pro Person:	103 Kalorien	5 g Kohlenhydrate
	6 g Protein	6 g Nahrungsfasern
	5 g Fett	+ mg Cholesterin

Fleisch, Fisch, Tofu

Pochiertes Pouletbrüstchen mit Linsensalat

120 g rohe Linsen
400 ml Gemüsebouillon
1 Nelke
1 Lorbeerblatt
1 Zwiebel
140 g Pouletbrust

80 g Sauermilch
1–2 EL Meerrettichpaste ohne Mayonnaisezusatz
1 EL Essig
1–2 EL Gemüsebouillon

1½ EL frische Kräuter (Petersilie, Schnittlauch, Dill)

◆ Die Linsen mit kaltem Wasser bedecken und ein paar Stunden einweichen. Abgiessen und in frischem Wasser rund 30 Minuten (je nach Sorte) kochen, dann erkalten lassen.

◆ Die Gemüsebouillon mit Nelke, Lorbeerblatt und der geviertelten Zwiebel aufkochen und die Pouletbrust 10 Minuten darin ziehen lassen. Herausnehmen, erkalten lassen und in kleine Stücke zupfen.

◆ Für die Sauce die Sauermilch mit Meerrettichpaste, Essig und Gemüsebouillon verrühren.

◆ Die Linsen und das zerkleinerte Pouletfleisch zur Sauce geben und vorsichtig mischen.

◆ Die Kräuter fein hacken und darüberstreuen.

Tip: Mit verschiedenen Gemüsesalaten ergibt dies eine vollständige Mahlzeit.

Pro Person:	300 Kalorien	30 g Kohlenhydrate
	32 g Protein	6 g Nahrungsfasern
	5 g Fett	50 mg Cholesterin

Kalbsgeschnetzeltes

150 g Kalbsgeschnetzeltes
1 kleine Zwiebel
50 g Champignons
100 ml Weisswein
100 g Zucchini
50 ml Kaffeerahm
½ ML pflanzliches Bindemittel (z.B. Nesvital)
Salz, Pfeffer
Thymianpulver

◆ Das Fleisch trockentupfen. Eine beschichtete Bratpfanne ohne Fett erhitzen und das Fleisch darin von allen Seiten kurz anbraten.

◆ Die Zwiebel hacken, die Champignons blättrig schneiden, beigeben und kurz andünsten.

◆ Mit dem Weisswein ablöschen, die Hitze reduzieren und 1–2 Minuten leicht köcheln lassen.

◆ Zucchini zuerst in feine Scheiben, dann in Streifen schneiden, ebenfalls beigeben. Die Pfanne von der Herdplatte ziehen, den Kaffeerahm und das Bindemittel beigeben, umrühren und bei kleiner Hitze 2–3 Minuten köcheln lassen.

◆ Mit Salz, Pfeffer und Thymian abschmecken, umrühren und servieren.

Tip: Mit Rösti und einem gedämpften Gemüse ergibt dies eine vollständige Mahlzeit.

Pro Person:	150 Kalorien	+ g Kohlenhydrate
	18 g Protein	1 g Nahrungsfasern
	5 g Fett	66 mg Cholesterin

Geschmortes Poulet im Römertopf

400 g Mistkratzerli (Stubenküken) oder Pouletschenkel
150 g Karotten
150 g Sellerieknolle
2 Zwiebeln
2 Knoblauchzehen
1 Zweiglein Rosmarin
360 g mittlere Kartoffeln
50 ml Rotwein
50 ml Gemüsebouillon

Marinade:
1 Bund Petersilie
2 TL Senf
Paprika, Salz
Thymian, Rosmarin
1 Lorbeerblatt
1 EL Öl (z.B. Olivenöl)

◆ Den Römertopf (Tontopf) vorbereiten (wässern). Den Backofen auf 200 Grad vorheizen.
◆ Für die Marinade die Petersilie fein hacken und mit den übrigen Zutaten vermischen. Das Poulet eine Stunde in der Marinade ziehen lassen.
◆ Die Karotten schälen und in 3 cm lange Stengelchen schneiden. Den Sellerie schälen und in Würfelchen schneiden. Zwiebeln und Knoblauchzehen fein schneiden.
◆ Das Gemüse, die Zwiebeln und den Knoblauch in den Römertopf füllen, so dass der Boden bedeckt ist. Das marinierte Poulet daraufgeben und einen Rosmarinzweig in die Körperhöhle stecken.
◆ Die Kartoffeln schälen, grob würfeln und um das Poulet herum verteilen.
◆ Den Rotwein und die Gemüsebouillon zugiessen.
◆ Das Poulet im geschlossenen Römertopf im vorgeheizten Ofen 1 Stunde schmoren. Dann, damit sich eine schöne Kruste bildet, kurz bei starker Oberhitze 15–20 Minuten ohne Deckel braten.

Tips: Anstelle von Kartoffeln separat dazu einen Risotto und als Gemüse Broccoli kochen.

Anstelle des Römertopfs kann das Poulet auch im Bratbeutel, in einem Gusseisenschmortopf oder in einer Gratinform mit Deckel zubereitet werden.

Pro Person:	329 Kalorien	30 g Kohlenhydrate
	20 g Protein	12 g Nahrungsfasern
	12 g Fett	64 mg Cholesterin

Lamm-Calzone

120 g Ruchmehl (Mehl Typ 1050)
1/3 TL Salz
1 TL Olivenöl
15 g Frischhefe oder 4 g Trockenhefe
8–10 EL warmes Wasser (40–50 ml)
50 g Magerquark
evtl. Weizenkleie

Füllung:
1 Knoblauchzehe
1 Zwiebel
100 g Champignons
50 g Lauch
1/2 Bund Pfefferminze
150 g gehacktes Lammfleisch
50 ml Rotwein
1 TL Salz
Pfeffer
etwas Milch-Drink (Trinkmilch)

◆ Mehl und Salz in eine Schüssel geben. Eine Vertiefung bilden und das Öl hineingeben.

◆ Die Hefe zerbröckeln und im warmen Wasser auflösen. Ebenfalls zum Mehl geben.

◆ Das Mehl mit der Flüssigkeit vermengen, den Quark untermischen und alles zu einem Teig zusammenfügen. Eventuell etwas Weizenkleie beimischen. Den Teig kneten, bis er glatt und geschmeidig ist. Zugedeckt an der Wärme auf das Doppelte aufgehen lassen.

◆ In der Zwischenzeit für die Füllung den Knoblauch und die Zwiebel fein hacken, die Champignons blättrig und den Lauch in feine Ringe schneiden. Die Pfefferminze fein hacken.

◆ Eine beschichtete Bratpfanne erhitzen, das Fleisch darin ohne Fettstoff kurz anbraten, das Gemüse beigeben und mitdämpfen.

◆ Mit dem Rotwein ablöschen, Salz und Pfeffer beigeben und etwa 10 Minuten auf kleiner Stufe weiterköcheln lassen. Die Flüssigkeit sollte möglichst verdampfen können. Die Füllung etwas abkühlen lassen, dann die Pfefferminze untermischen.

◆ Den Backofen auf 220 Grad vorheizen.

◆ Den Teig zwischen zwei Lagen Pergamentpapier 2 mm dick rund auswallen. Die Füllung auf die eine Seite des Teiges geben; einen Rand lassen. Den Rand des Teiges mit etwas Wasser befeuchten und die andere Hälfte des Teigs darüberklappen. Mit einer Gabel die Ränder andrücken und die Teigoberfläche mit etwas Milch bestreichen.

◆ Die Calzone in der unteren Hälfte des vorgeheizten Ofens 15–20 Minuten backen.

Tips: Statt Lammfleisch Rindfleisch nehmen.

Frische Pfefferminze kann durch einen halben Beutel Pfefferminztee ersetzt werden.

Die doppelte oder dreifache Teigmenge herstellen und aus dem Rest frische Brötchen backen.

Wenn's eilt, ca. 160 g fertigen Pizzateig nehmen – die Menge sollte für 2 Personen 80 g Kohlenhydrate ergeben (Analyse beachten!). Den ausgewallten Teig in ein Kuchenblech (20 cm Durchmesser) geben, mit der Füllung belegen und den Teig darüber zusammenschlagen. Die Ränder zusammenkneifen.

Pro Person:	364 Kalorien	40 g Kohlenhydrate
	29 g Protein	4 g Nahrungsfasern
	7 g Fett	50 mg Cholesterin

Gerollte Rindsschnitzel

2 grosse Rindfleischschnitzel (ca. 100–120 g)
Salz, Pfeffer
grobkörniger Senf

Füllung:
1 Zwiebel
1 Knoblauchzehe
1 Bund Petersilie
½ Bund Thymian
1 Essiggurke
½ kleine Karotte
1 Stück Lauch
2 Scheiben Rohschinken

1 TL Erdnussöl

1 Stück Lauch
1 TL Tomatenpüree
100 ml Rotwein
100 ml Gemüsebouillon
1 Zwiebel, mit Lorbeerblatt und Nelken bespickt
1 ML pflanzliches Bindemittel (z.B. Nesvital)

◆ Die Rindfleischschnitzel würzen und mit Senf bestreichen.

◆ Für die Füllung Zwiebel, Knoblauch, Petersilie und Thymian fein hacken. Essiggurke, Karotte und Lauch in 5 cm lange, feine Streifen schneiden.

◆ Die Rindfleischschnitzel jeweils mit einer Scheibe Rohschinken belegen, die gehackten Kräuter, Zwiebel und Knoblauch darüberstreuen, die Gemüsestengel quer darauflegen und das Fleisch fest einrollen. Mit einem Zahnstocher befestigen.

◆ Das Erdnussöl erhitzen und die Fleischrouladen bei mittlerer Hitze rundherum anbraten. Herausnehmen.

◆ Den Lauch fein schneiden.

◆ Das Tomatenpüree zum Bratfond der Rouladen geben, mit dem Rotwein ablöschen und mit der Bouillon auffüllen. Die bespickte Zwiebel, den Lauch und das Bindemittel beigeben.

◆ Die Fleischrouladen wieder beigeben und auf kleiner Stufe zugedeckt 1–1½ Stunden schmoren lassen.

Tip: Mit Kartoffelpüree und einem gedämpften Gemüse ergibt dies eine vollständige Mahlzeit.

Pro Person:	174	Kalorien	+ g	Kohlenhydrate
	16 g	Protein	2 g	Nahrungsfasern
	7 g	Fett	36 mg	Cholesterin

Lachs mit Meerrettich-Dill-Sauce

2 Lachstranchen (zu je 120 g)
Salz, Pfeffer
1 Zwiebel
100 ml Weisswein
100 ml Gemüsebouillon
5 EL Halbrahm
2 TL Meerrettich
1 ML pflanzliches Bindemittel (z.B. Nesvital)
1 Bund Dill
2 Dillzweiglein für die Garnitur

◆ Den Fisch salzen und pfeffern.
◆ Die Zwiebel fein hacken. Zusammen mit dem Weisswein und der Bouillon kurz aufkochen. Die Hitze reduzieren, Halbrahm, Meerrettich und das Bindemittel beifügen und gut umrühren.
◆ Die Lachstranchen in die Sauce legen und zugedeckt bei schwacher Hitze 10 Minuten pochieren.
◆ Den Dill fein hacken und am Schluss in die Sauce einrühren.
◆ Die Fischtranchen auf Tellern anrichten und mit der Sauce übergiessen. Mit einem Dillzweiglein garnieren.

Tip: Mit Salzkartoffeln oder Reis und Spinat ergibt es eine vollständige Mahlzeit.

Pro Person:	295 Kalorien	+ g Kohlenhydrate
	24 g Protein	+ g Nahrungsfasern
	20 g Fett	63 mg Cholesterin

Dorsch mit Käsehaube

1 kleine Zwiebel
200 g Broccoli
50 g Karotten
50 ml Gemüsebouillon
200 g Dorschfilet
Salz, Pfeffer

Guss:
40 g halbfetter Käse
1 Knoblauchzehe
3 TL Sesamsamen
2 EL Blanc battu
2 EL dreiviertelfetter Kräuter-Cantadou
50 ml Gemüsebouillon

◆ Die Zwiebel fein hacken und auf dem Boden einer Gratinform verteilen.
◆ Die Broccoliröschen blanchieren. Die Karotten reiben und zusammen mit dem Broccoli ebenfalls in der Gratinform verteilen.
◆ Die Gemüsebouillon darübergiessen.
◆ Den Backofen auf 200 Grad vorheizen.
◆ Den Fisch salzen, pfeffern und auf das Gemüsebett legen.
◆ Für den Guss den Käse reiben und mit den übrigen Zutaten mischen. Gleichmässig über dem Fisch verteilen.
◆ Im vorgeheizten Ofen 20 Minuten gratinieren.

Tips: Tiefgekühlten Broccoli verwenden.
Anstelle von Broccoli Blattspinat nehmen.
Mit Salzkartoffeln oder Trockenreis und Salat ergibt es eine vollständige Mahlzeit.

Pro Person:	268 Kalorien	+ g Kohlenhydrate
	34 g Protein	5 g Nahrungsfasern
	11 g Fett	12 mg Cholesterin

Fischcurry

240 g Kabeljaubäckchen
1 TL Zitronensaft
wenig Salz, Pfeffer
1 Zwiebel
1 kleiner roter Peperone (Paprika)
50 ml Weisswein
1 TL mildes Currypulver
100 ml Gemüsebouillon
1 ML pflanzliches Bindemittel (z.B. Nesvital)
50 ml Kaffeerahm

◆ Den Fisch mit Zitronensaft beträufeln, mit Salz und Pfeffer würzen und im Kühlschrank zugedeckt eine Stunde marinieren.
◆ Die Zwiebel fein hacken, den Peperone (Paprika) fein würfeln. Beides in eine beschichtete Bratpfanne geben, den Weisswein zufügen und einige Minuten zugedeckt auf kleinem Feuer dämpfen. Mit Currypulver bestreuen. Die Bouillon beifügen, kurz aufkochen, dann den Fisch hineinlegen und in der heissen Sauce 5 Minuten zugedeckt ziehen lassen. Abschmecken.
◆ Die Sauce mit dem Bindemittel und dem Kaffeerahm binden.

Tips: Mit Kräuterkartoffeln und Spinat ergibt es eine vollständige Mahlzeit.

Anstelle von Kabeljaubäckchen kann auch Haifisch- oder Flunderfilet verwendet werden.

Pro Person:	169 Kalorien	+ g Kohlenhydrate
	23 g Protein	3 g Nahrungsfasern
	5 g Fett	70 mg Cholesterin

Paniertes Zanderfilet

220 g Zanderfilet
Salz, Pfeffer
1 kleines Ei
½ ML pflanzliches Bindemittel (z.B. Nesvital)
100 g Zucchini
50 g Karotte
½ Bund Petersilie
2 Zweiglein Thymian
1 EL Öl (z.B. Erdnussöl)

◆ Den Fisch trockentupfen und in 4 Stücke schneiden, salzen und pfeffern.
◆ Das Ei in einer Schüssel verquirlen, das Bindemittel beigeben und 10 Minuten stehen lassen.
◆ Die Zucchini halbieren und mit einem Teelöffel die Kerne entfernen. Die Karotte schälen. Beides zur Eimasse reiben.
◆ Petersilie und Thymian fein hacken und ebenfalls beigeben.
◆ Eine beschichtete Bratpfanne erhitzen, das Öl beigeben. Die Fischstücke in der Gemüsepanade wenden, restliche Panade darauf verteilen und in der Pfanne bei mittlerer Hitze beiseitig je 5–7 Minuten backen.

Tips: Mit Salzkartoffeln oder Reis und Spinat ergibt es eine vollständige Mahlzeit.

Je nach Dicke der Fischstücke die Bratzeit entsprechend anpassen.

Anstelle von Zander Seeteufel, Rot- oder Seezunge verwenden.

Pro Person:	186 Kalorien	+ g Kohlenhydrate
	24 g Protein	1 g Nahrungsfasern
	9 g Fett	155 mg Cholesterin

Rotzunge in Pergamentpapier

220 g Rotzungenfilets
Zitronensaft
Salz, Pfeffer aus der Mühle
40 g braune Champignons
1 Schalotte
30 g Karotte
30 g Sellerie
30 g Lauch
60 g feine grüne Bohnen
200 ml Fischsud
100 ml Weisswein
¼ ML pflanzliches Bindemittel (z.B. Nesvital)
50 ml Halbrahm
50 g Blanc battu
½ Bund Sauerampfer oder Estragon
2 TL Öl (z.B. Erdnussöl)

◆ Die Fischfilets der Länge nach halbieren, mit Zitronensaft, Salz und Pfeffer aus der Mühle marinieren.

◆ Die Champignons blättrig schneiden und die Schalotte fein hacken. Karotte, Sellerie und Lauch in feine längliche Streifen (ca. 3 cm) schneiden und zusammen mit den Bohnen in Salzwasser kurz überwallen.

◆ Den Fischsud und den Weisswein zusammen mit der Schalotte aufkochen und ein wenig einkochen lassen. Das Bindemittel zugeben und 5 Minuten weiterköcheln lassen, bis die Sauce leicht bindet. Den Topf von der Herdplatte ziehen. Den Halbrahm, den Blanc battu und die gehackten Kräuter beigeben, mit Salz und Pfeffer abschmecken.

◆ Den Backofen auf 180 Grad vorheizen.

◆ Pergamentpapier auf ein Backblech legen und die Stelle, auf der der Fisch zu liegen kommt, mit einem Teelöffel Öl bepinseln. Die Bohnen und Champignons darauf auslegen.

◆ Eine beschichtete Pfanne erhitzen, nochmals einen Teelöffel Öl hineingeben und die Rotzunge kurz von beiden Seiten anbraten, ohne Farbe nehmen zu lassen. Den Fisch auf die Bohnen und Champignons legen.

◆ Das feingeschnittene Gemüse (Karotte, Sellerie, Lauch) darüber verteilen und mit der Sauce gleichmässig bedecken.

◆ Das Pergamentpapier darüberschlagen und so zusammenfalten, dass die Sauce nicht auslaufen kann. Mit Heftklammern zuheften.

◆ Im vorgeheizten Ofen auf der zweituntersten Rille 5–10 Minuten fertig dämpfen, bis das Pergamentpapier aufgeblasen ist.

Tips: Anstelle von Rotzunge Lachsfilet oder Seezunge nehmen.

Anstelle der Bohnen und Champignons Zucchini oder Peperoni (Paprika) verwenden. Anstelle von frischen Bohnen Dosenware oder tiefgekühlte nehmen, dann entfällt das Überwallen.

Mit Salzkartoffeln oder Bouillonreis und einem reichhaltigen gemischten Salat ergibt dies eine vollständige Mahlzeit.

Fischsud ist tiefgekühlt oder als Pulver erhältlich.

Pro Person:	260 Kalorien	+ g Kohlenhydrate
	22 g Protein	3 g Nahrungsfasern
	13 g Fett	70 mg Cholesterin

Gefüllte Zucchini

200–250 g Tofu nature

Marinade:
1/2 Bund Petersilie
1/2 Bund Thymian
1/2–1 Zitrone, Schale und Saft
1 Knoblauchzehe
1/2 TL Salz
Pfeffer
1 EL italienische Kräutermischung

1/2 Karotte
4 EL geriebener Käse (z.B. Sbrinz oder Parmesan)
400–500 g Zucchini
100 ml Gemüsebouillon

◆ Für die Marinade Petersilie und Thymian fein hacken, die Zitronenschale abreiben und den Saft auspressen, den Knoblauch pressen. Alle Marinadenzutaten mischen.

◆ Den Tofu mit der Gabel zerdrücken, mit der Marinade vermischen und zugedeckt 2 Stunden ziehen lassen.

◆ Die Karotte in kleine Würfelchen schneiden und zusammen mit der Hälfte des Käses zur Tofumasse geben, verrühren.

◆ Die Zucchini längs halbieren und die Kerne mit Hilfe eines Teelöffels herausschaben. Die Zucchinihälften in der Gemüsebouillon 5 Minuten zugedeckt knapp weich dämpfen.

◆ Den Backofen auf 200 Grad vorheizen.

◆ Die Bouillon in eine Gratinform giessen, die Zucchini mit den Schnittflächen nach oben hineinlegen und mit der Füllung füllen, den restlichen Reibkäse darüber verteilen und im vorgeheizten Ofen 10–15 Minuten überbacken.

Tips: Als Variante anstelle dieser Füllung die Vegetarische Bolognaise von Seite 70 verwenden.

Mit Salzkartoffeln oder Reis und einem Salat ergibt dies eine vollständige Mahlzeit.

Pro Person:	243 Kalorien	+ g Kohlenhydrate
	24 g Protein	3 g Nahrungsfasern
	12 g Fett	0 mg Cholesterin

Tofuburger mit Lauchsauce

160 g Yasoya oder Tofu mit Gemüse
1 kleine Zwiebel
4 Zweiglein Thymian
1/2 Bund Schnittlauch
1/2 TL Curry
1/2 TL Paprika
Pfeffer, Salz
1 Ei
1 ML pflanzliches Bindemittel (z.B. Nesvital)
2 EL Reibkäse
6 EL Sesamsamen
2 EL Sonnenblumenkerne

Sauce:
150 g Lauch
1 roter Peperone (Paprika)
100 ml Gemüsebouillon
Salz, Pfeffer
3 EL Halbrahm

◆ Den Yasoya oder Tofu grob würfeln und in eine Schüssel geben.
◆ Die Zwiebel und den Thymian fein hacken, den Schnittlauch fein schneiden und zusammen mit den Gewürzen, dem Ei, dem Bindemittel und dem Reibkäse zu den Yasoya-Würfeln geben. Mit dem Stabmixer oder der Gabel pürieren und gründlich mischen.
◆ Eine beschichtete Pfanne ohne Fett leicht erhitzen, die Sesamsamen und Sonnenblumenkerne darin leicht rösten, bis sie duften. Etwas abkühlen lassen.
◆ Einen Drittel der Sesamsamen und Sonnenblumenkerne zur Yasoya-Masse geben und unterrühren, den Rest auf einen Teller geben.
◆ Für die Sauce den Lauch in feine Streifen schneiden und den Peperone (Paprika) klein würfeln.
◆ Eine Pfanne ohne Fett erhitzen, Lauch und Peperone darin andämpfen und mit der Bouillon ablöschen. Zugedeckt 10 Minuten köcheln lassen. Mit Salz und Pfeffer abschmecken. Den Halbrahm zufügen und zugedeckt etwas einköcheln lassen.
◆ In der Zwischenzeit aus der Yasoya-Masse mit den Händen sechs Hamburger formen. Darauf achten, dass sie nicht mehr als einen halben Zentimeter dick sind. In den gerösteten Samen und Kernen wenden.
◆ Eine beschichtete Pfanne ohne Fett erhitzen, die Hamburger von beiden Seiten etwa 5 Minuten bei nicht zu starker Hitze braten.
◆ Die Lauchsauce auf Teller geben und die Hamburger darauf anrichten.

Tips: Mit Reis oder Nudeln und einem reichhaltigen Salat ergibt es eine vollständige Mahlzeit.

Übriggebliebenen Yasoya fein würfeln und bei der nächsten Mahlzeit über den Salat streuen.

Pro Person:	398	Kalorien	+ g	Kohlenhydrate
	22 g	Protein	9 g	Nahrungsfasern
	13 g	Fett	114 mg	Cholesterin

Scharfer Nudeltopf

200 g Yasoya oder Tofu mit Gemüse
2 EL Sojasauce
3 EL Gemüsebouillon
1 EL Wasser
1 TL Rosmarin
½ TL Sambal Oelek
1 Knoblauchzehe

90 g rohe Nudeln
Salzwasser
200 g Karotten
200 g Zucchini
1 kleine Zwiebel
½ TL Rosmarinnadeln

◆ Den Yasoya oder Tofu in zentimetergrosse Würfel schneiden.

◆ Sojasauce, Bouillon und Wasser mit den zerquetschten Rosmarinnadeln, dem Sambal Oelek und dem gepressten Knoblauch verrühren, mit den Yasoya-Würfeln mischen und 3 Stunden zugedeckt marinieren.

◆ Die Nudeln in reichlich Salzwasser al dente kochen, abtropfen lassen und warm stellen.

◆ Die Karotten schälen. Karotten und Zucchini mit dem Sparschäler in lange, feine Scheiben schneiden.

◆ Die Zwiebel fein hacken. Den Wok erhitzen und darin die Zwiebel und die Rosmarinnadeln mit wenig Wasser kurz andünsten. Das Gemüse und die Yasoya-Würfel zugeben, die Hitze zurückschalten und alles zugedeckt 5–10 Minuten dünsten, so dass das Gemüse noch knackig bleibt.

◆ Die Nudeln beifügen, sorgfältig mischen, nochmals kurz wärmen und servieren.

Tip: Dazu einen reichhaltigen Salat servieren.

Pro Person:	379 Kalorien	30 g Kohlenhydrate
	28 g Protein	6 g Nahrungsfasern
	10 g Fett	40 mg Cholesterin

Tofu Stroganoff

250 g Yasoya oder Tofu nature

Marinade:
1 Knoblauchzehe
2 EL Tomatenpüree
½–1 EL Sambal Oelek
100 ml Tomatensaft
Salz, Pfeffer

200 g Zwiebeln
1 Knoblauchzehe
100 ml Tomatensaft
50 ml Gemüsebouillon
1 Zweiglein Rosmarin
Pfeffer
1 kleiner grüner Peperone (Paprika)

◆ Den Yasoya oder Tofu in zentimetergrosse Würfel schneiden.
◆ Für die Marinade den Knoblauch pressen und mit den übrigen Zutaten vermischen, die Yasoya-Würfelchen beigeben und 6 oder besser 12 Stunden zugedeckt in der Marinade ziehen lassen.
◆ Die Zwiebeln scheibeln, den Knoblauch pressen. Eine Pfanne ohne Fett erhitzen, Zwiebeln und Knoblauch darin andämpfen, mit dem Tomatensaft und der Bouillon ablöschen. Den Rosmarinzweig beigeben und mit Pfeffer würzen.
◆ Die Yasoya-Würfel beigeben und mischen.
◆ Den Peperone (Paprika) in feine Streifen schneiden, beigeben und alles zusammen eine halbe Stunde auf kleiner Hitze einköcheln lassen.

Tip: Mit Salzkartoffeln oder Reis und einem reichhaltigen Salat ergibt es eine vollständige Mahlzeit.

Pro Person:	220 Kalorien	+ g Kohlenhydrate
	19 g Protein	5 g Nahrungsfasern
	10 g Fett	+ mg Cholesterin

Vegetarische Bolognaise

Marinade:
1 Knoblauchzehe
125 g Tofu nature
1 EL Tomatenpüree
50 ml Tomatensaft
1 TL italienische Kräutermischung
Pfeffer

1 kleine Zwiebel
1 Stück Karotte (2–3 cm lang)
2 kleine Tomaten (175 g)
1/8 Knolle Sellerie
1 TL Olivenöl
50 ml Rotwein
50 ml Tomatensaft
2 Blätter Salbei
1 Zweiglein Rosmarin
evtl. 50 ml Gemüsebouillon
1/2 Bund Basilikum
1 TL Salz
Pfeffer

◆ Für die Marinade den Knoblauch pressen. Den Tofu grob reiben. Alle Marinadenzutaten vermischen und den Tofu darin 2 Stunden ziehen lassen.

◆ Die Zwiebel fein hacken. Karotte, Tomaten und Sellerie fein würfeln. Das Olivenöl erhitzen und das Gemüse darin anziehen lassen, mit dem Rotwein ablöschen und mit dem Tomatensaft auffüllen.

◆ Den Tofu mitsamt der Marinade beigeben.

◆ Die Salbeiblätter fein hacken, mit dem Rosmarinzweiglein beigeben und mitköcheln.

◆ Die Tomatensauce auf kleinem Feuer 2 Stunden köcheln lassen. Falls nötig, Bouillon nachfüllen.

◆ Den Basilikum fein hacken und am Schluss beigeben. Die Sauce mit Salz und Pfeffer abschmecken.

Tips: Die doppelte Menge zubereiten und einen Teil tiefkühlen.

Die doppelte Menge zubereiten und einen Teil für Lasagne (Seite 83) oder gefüllte Zucchini (Seite 65) verwenden.

Anstelle von frischen Tomaten Dosentomaten (Pelati) nehmen.

Mit Spaghetti und einem gemischten Salat ist dies eine vollständige Mahlzeit.

Pro Person:	150 Kalorien	+ g Kohlenhydrate
	10 g Protein	3 g Nahrungsfasern
	8 g Fett	0 mg Cholesterin

Vegetarische Gerichte

Gemüse-Crêpes

300 g Saisongemüse nach Wahl, z.B. Karotten, Zwiebeln, Blumenkohl, grüne Erbsen
frische Kräuter
1 TL Öl (z.B. Erdnussöl)
75 g Ruchmehl (Mehl Typ 1050)
200 ml Milch-Drink (Trinkmilch)
50 ml Wasser
2 Eier
Salz, Pfeffer

◆ Das Gemüse in etwa gleichgrosse Stücke schneiden. Die Kräuter fein hacken.

◆ Das Öl erhitzen, das Gemüse beigeben und kurz zugedeckt dämpfen, so dass es noch knackig bleibt. Warm stellen.

◆ Das Mehl mit Salz vermischen. Milch und Wasser zugeben und verrühren, bis die Masse klumpenfrei ist.

◆ Die Eier einzeln aufschlagen und zugeben. Würzen und die gehackten frischen Kräuter beigeben.

◆ Eine beschichtete Pfanne ohne Fett erhitzen, nacheinander vier Crêpes ausbacken. Sobald sich die Ränder lösen lassen, mit Schwung oder mit Hilfe eines flachen Deckels oder Tellers auf die zweite Seite wenden und diese kurz backen. Die Hitze mit der Zeit etwas reduzieren.

◆ Die Crêpes auf Tellern anrichten, mit dem Gemüse belegen, einrollen und servieren.

Tips: Anstelle von frischem Gemüse eine tiefgekühlte Gemüsemischung verwenden.

Mit einem gemischten Salat ergibt es eine vollständige Mahlzeit.

Ruchmehl (Mehl Typ 1050) durch 30 g Weissmehl und 45 g Ruchmehl ersetzen.

Wer die Crêpes besonders luftig mag, kann das Eiweiss separat steif schlagen und am Schluss vorsichtig unter die Masse ziehen.

Pro Person:	352 Kalorien	30 g Kohlenhydrate
	18 g Protein	5 g Nahrungsfasern
	15 g Fett	243 mg Cholesterin

Kräuteromelette

½ Bund Schnittlauch
½ Bund Petersilie
wenig Dill
½ Zwiebel
3 Eier
2 EL Milch-Drink (Trinkmilch)
Salz, Pfeffer aus der Mühle
1 TL Öl (z.B. Erdnussöl)

◆ Die Kräuter und die Zwiebel fein hacken.
◆ Die Eier zusammen mit der Milch, den Kräutern, der Zwiebel, Salz und Pfeffer verquirlen.
◆ In einer beschichteten Pfanne das Öl erhitzen. Die Eimasse hineingiessen und stocken lassen. Dann mit einem Spachtel die Omelette aufrollen, in dünne Scheiben schneiden und servieren.

Tip: Servieren Sie die Kräuteromelette zu verschiedenen Salaten und Vollkorntoast.

Pro Person:	171	Kalorien	+ g	Kohlenhydrate
	12 g	Protein	+ g	Nahrungsfasern
	13 g	Fett	357 mg	Cholesterin

Peperonata

1 Knoblauchzehe
1 Zwiebel
3 verschiedenfarbige Peperoni (Paprika) (500–600 g)
2 Tomaten
1 TL Olivenöl
2 Blätter Salbei
1 Bund Basilikum
Salz, Pfeffer

◆ Den Knoblauch pressen, die Zwiebel fein hacken.
◆ Die Peperoni (Paprika) halbieren, entkernen und in mundgerechte Stücke schneiden. Die Tomaten würfeln.
◆ Das Olivenöl erhitzen, Knoblauch, Zwiebel und Peperoni (Paprika) darin andünsten. Die Hitze reduzieren, die Tomaten beifügen und zugedeckt 20 Minuten köcheln lassen.
◆ Salbei und Basilikum fein hacken und am Schluss zufügen. Mit Salz und Pfeffer abschmecken, nochmals kurz ziehen lassen und servieren.

Tip: Mit einem Getreide- oder Pilzrisotto und einem gemischten Salat ergibt es eine vollständige Mahlzeit.

Pro Person:	100	Kalorien	+ g	Kohlenhydrate
	5 g	Protein	13 g	Nahrungsfasern
	4 g	Fett	0 mg	Cholesterin

Champignontoast

250 g Champignons
1 kleine Zwiebel
Zitronensaft
Pfeffer
50 ml Weisswein
100 ml Gemüsebouillon
1 ML pflanzliches Bindemittel (z.B. Nesvital)
4 EL Halbrahm
½ Bund Schnittlauch
150 g Vollkorntoastbrot (6 Scheiben)
12 Scheiben viertelfetter Scheiblettenkäse

◆ Den Backofen auf 180 Grad vorheizen.

◆ Die Champignons blättrig schneiden und die Zwiebel fein hacken.

◆ Eine beschichtete Pfanne erhitzen, die Zwiebel darin ohne Fettstoff kurz anbraten, Champignons beigeben und zugedeckt kurz dämpfen. Ein paar Tropfen Zitronensaft über die Champignons träufeln und mit Pfeffer würzen.

◆ Mit dem Weisswein ablöschen und die Bouillon beifügen. Das Bindemittel einrühren.

◆ Einige Minuten weich dämpfen.

◆ Die Pfanne von der Platte ziehen und den Halbrahm zugeben.

◆ Den Schnittlauch fein schneiden, ebenfalls beigeben.

◆ Die Champignonmasse auf die 6 Brotscheiben verteilen, mit je zwei Scheiben Scheiblettenkäse bedecken und zugedeckt im vorgeheizten Ofen 8–10 Minuten auf der untersten Rille überbacken. Die letzten 3 Minuten abgedeckt bräunen lassen.

Tips: Mit einem reichhaltigen gemischten Salat ergibt es eine vollständige Mahlzeit.

Anstelle von frischen Champignons bereits geschnittene aus dem Beutel oder der Dose verwenden.

Pro Person:	283 Kalorien	30 g Kohlenhydrate
	16 g Protein	8 g Nahrungsfasern
	8 g Fett	15 mg Cholesterin

Gemüsepiccata mit kalter Tomatensauce

Tomatensauce:
2 grosse Tomaten
1 kleine Zwiebel
Salz, Pfeffer
1 Msp. Chilipulver
2 Msp. Korianderpulver
½ Bund Petersilie

Piccata:
200 g Zucchini
250 g Aubergine
1 Ei
60 g geriebener halbfetter Tilsiter
2 EL Milch-Drink (Trinkmilch)
½ ML pflanzliches Bindemittel (z.B. Nesvital)
Muskatnuss
1 TL Olivenöl

◆ Für die Tomatensauce die Tomaten sehr fein würfeln und in eine Schüssel geben. Die Zwiebel fein hacken und ebenfalls beigeben. Mit Salz, Pfeffer, Chili- und Korianderpulver kräftig abschmecken.
◆ Die Petersilie fein hacken und darunterrühren. Kalt stellen.
◆ Für die Gemüsepiccata Zucchini und Aubergine in ½ bis 1 cm dicke Scheiben schneiden. Auf einem Siebeinsatz über Dampf 3–4 Minuten knapp weich garen. Mit einem Küchenpapier trockentupfen.
◆ Das Ei in einer Schüssel verquirlen, Käse, Milch und das Bindemittel beigeben, mit Salz, Pfeffer und Muskatnuss abschmecken.
◆ Das Öl in einer beschichteten Pfanne erhitzen. Die Gemüsescheiben in der Eimasse wenden und auf beiden Seiten anbraten, die Hitze reduzieren und beidseitig fertigbacken.
◆ Zusammen mit der kalten Tomatensauce servieren.

Tips: Mit Salzkartoffeln oder Teigwaren und einem gemischten Salat ergibt es eine vollständige Mahlzeit.

Anstelle von Zucchini und Auberginen Sellerie oder Kohlrabi verwenden. Diese zuerst knapp weich dämpfen.

Die Tomaten für die Tomatensauce schälen und entkernen.

Pro Person:	218 Kalorien	+ g Kohlenhydrate
	17 g Protein	8 g Nahrungsfasern
	12 g Fett	115 mg Cholesterin

Wirzcornets

300 g Wirz (Wirsing)
1 TL Öl (z.B. Erdnussöl)
80 g Yasoya oder Tofu
25 g Hüttenkäse
½ Ei
Salz, Pfeffer

Sauce:
½ Zwiebel
1 TL Butter
90 g Hüttenkäse
100 ml Gemüsebouillon
50 ml Kaffeerahm
½ TL Kümmel
Salz, Pfeffer

◆ Vom Wirz (Wirsing) sechs der grösseren, äusseren Blätter ablösen und in siedendem Wasser knapp weich kochen; gut abtropfen lassen.
◆ Die Mittelrippe bis zur Mitte herausschneiden und die Schnittkanten übereinanderlegen, festhalten und das Blatt zu einer Tüte einrollen. Mit einem Zahnstocher fixieren oder mit der Naht nach unten legen.
◆ Die restlichen Wirzblätter klein hacken und im heissen Öl 5 Minuten dünsten. Ein paar Streifen Wirz für die Garnitur zur Seite legen.
◆ Den Yasoya oder Tofu hacken, dann mit der Gabel zerdrücken. Mit dem Hüttenkäse, dem Ei, den Gewürzen und dem gedünsteten Wirz mischen. Die Masse in die Wirztüten füllen.
◆ Für die Sauce die Zwiebel fein hacken und in der Butter dünsten. Den Hüttenkäse dazugeben und unter Rühren schmelzen. Die Hälfte der Gemüsebouillon dazugiessen. Den Rahm und den Kümmel beifügen, die Sauce würzen und aufkochen.
◆ Die Wirzcornets in die Sauce legen und zugedeckt 10–15 Minuten köcheln lassen. Bei Bedarf die restliche Bouillon nachgiessen.
◆ Die Sauce mit den Gemüsestreifen garnieren.

Tips: Anstelle von Tüten können Sie die üblichen Wickel machen.

Mit Gerstotto und einem Salat ergibt es eine vollständige Mahlzeit.

Pro Person:	253 Kalorien	+ g Kohlenhydrate
	18 g Protein	5 g Nahrungsfasern
	15 g Fett	80 mg Cholesterin

Lauch-Kartoffel-Küchlein

250 g Lauch
2 EL Wasser
1 Ei
Salz, Pfeffer, Muskatnuss
frische Kräuter, z.B. Thymian, Schnittlauch
360 g in der Schale gekochte Kartoffeln vom Vortag

◆ Den Lauch in sehr feine Streifen schneiden. In einer Teflonpfanne ohne Fett kurz andämpfen. Das Wasser beigeben, den Lauch zugedeckt knapp weich dämpfen und sehr gut abtropfen lassen.

◆ Das Ei mit dem Salz, den Gewürzen und den gehackten Kräutern in einer Schüssel verquirlen.

◆ Die Kartoffeln schälen und zur Eimischung reiben. Den Lauch zufügen und alle Zutaten gut vermischen.

◆ Mit einem Esslöffel kleine Kugeln von der Masse abstechen und in die bereits warme Teflonpfanne geben.

◆ Die Küchlein mit einer Holzkelle flachdrücken und bei mittlerer Hitze auf beiden Seiten etwa 10 Minuten braten, bis sie goldgelb sind. Die Küchlein öfter wenden.

Tips: Mit einem gemischten Salat ergibt es eine vollständige Mahlzeit.

Anstelle von Schalenkartoffeln einen Rest Kartoffelpüree verwenden.

Pro Person:	200 Kalorien	30 g Kohlenhydrate
	10 g Protein	8 g Nahrungsfasern
	4 g Fett	120 mg Cholesterin

Gratinierter Blumenkohl

300 g Blumenkohlröschen
½ Bund Petersilie
½ hartgekochtes Ei
3 EL halbfetter Frischkäse (St-Môret léger, Philadelphia light)
2 EL Wasser
Pfeffer
gemahlene Muskatnuss
2 EL geriebener halbfetter Käse (z.B. Tilsiter)

◆ Den Backofen auf 200 Grad vorheizen.

◆ Die Blumenkohlröschen in wenig Wasser zugedeckt knackig garen, danach in eine Gratinform geben.

◆ Die Petersilie und das Ei fein hacken und mit dem Frischkäse und Wasser mischen. Würzen.

◆ Die Masse über die Blumenkohlröschen verteilen und im vorgeheizten Backofen 10 Minuten bei Oberhitze überbacken.

Pro Person:	117 Kalorien	+ g Kohlenhydrate
	12 g Protein	4 g Nahrungsfasern
	6 g Fett	68 mg Cholesterin

Asiatischer Hirsetopf

1 TL Öl (z.B. Erdnussöl)
90 g rohe Goldhirse
350 ml Gemüsebouillon
200 g Pouletgeschnetzeltes
Salz
300 g Lauch
1 Karotte
3 EL Wasser
1 TL Sojasauce
Cayennepfeffer
2 TL Currypulver
1 cm Ingwerwurzel

◆ Das Öl erhitzen, die Hirse beigeben und hellbraun rösten. Mit der Gemüsebouillon ablöschen. Aufkochen, dann die Hitze stark reduzieren und die Hirse unter gelegentlichem Umrühren 15–20 Minuten zugedeckt weich kochen.

◆ Eine beschichtete Pfanne ohne Fett erhitzen, das Pouletfleisch unter öfterem Wenden darin anbraten, herausnehmen und salzen.

◆ Den Lauch fein schneiden, die Karotte reiben. Das Gemüse mit dem Wasser in derselben Pfanne wie das Fleisch unter häufigem Wenden bei mittlerer Hitze zugedeckt dämpfen. Sojasauce, Cayennepfeffer, Currypulver und die fein geriebene Ingwerwurzel beigeben.

◆ Die fertiggegarte Hirse mit dem Pouletfleisch und dem Gemüse mischen, 2–3 Minuten heiss werden lassen und servieren.

Tips: Mit Salat ergibt es eine vollständige Mahlzeit.

Ingwer können Sie bestens tiefkühlen und bei Bedarf gefroren reiben.

Anstelle von frischem Gemüse tiefgekühlte chinesische Gemüsemischung verwenden.

Wer die Karotten lieber knackig mag, kann sie in Rädchen schneiden.

Pro Person:	334 Kalorien	30 g Kohlenhydrate
	32 g Protein	6 g Nahrungsfasern
	6 g Fett	60 mg Cholesterin

Gebratene Maisschnitten

½ Peperone (Paprika)
½ Zucchini (60 g)
400 ml Gemüsebouillon
90 g roher feiner Maisgriess

2 Eier
Salz, Pfeffer aus der Mühle
Muskatnuss
¼ Bund Schnittlauch
40 g geriebener halbfetter Tilsiter
1 EL Erdnussöl

◆ Den Peperone (Paprika) fein würfeln, die Zucchini fein raffeln.
◆ 350 ml Gemüsebouillon aufkochen, die Peperoniwürfelchen und den Maisgriess beigeben. Zu einem dicken Brei kochen. Die Zucchini zufügen und 1–2 Minuten ziehen lassen.
◆ Den Maisbrei auf eine kalt abgespülte flache Platte oder ein Blech giessen und etwa 8 mm dick ausstreichen. Einen halben Tag im Kühlschrank auskühlen lassen.
◆ Die Eier aufschlagen, verquirlen und mit Salz, Pfeffer und Muskatnuss würzen.
◆ Den Schnittlauch fein hacken und zusammen mit dem Reibkäse unter die Eimasse rühren.
◆ Den ausgekühlten Maisbrei in Rechtecke schneiden, in der Eimasse wenden.
◆ Das Öl in einer beschichteten Pfanne erhitzen und die Maisschnitten darin vorsichtig braten, öfter wenden.

Tip: Mit verschiedenen Gemüsen oder einem Salatteller ergibt es eine vollständige Mahlzeit.

Pro Person:		
	356 Kalorien	30 g Kohlenhydrate
	18 g Protein	4 g Nahrungsfasern
	16 g Fett	245 mg Cholesterin

Kichererbseneintopf

120 g rohe Kichererbsen
¼ l Gemüsebouillon
80 g magerer Schinken oder Rippchen
100 g Karotten
150 g Sellerie
150 g Lauch
150 g Zwiebeln
1 TL Öl (z.B. Erdnussöl)
Pfeffer, Salz
¼ TL Rosmarinpulver
1 Msp. Chili
glattblättrige Petersilie als Garnitur

◆ Die Kichererbsen über Nacht in viel Wasser einweichen. Abgiessen und im Dampfkochtopf in der Gemüsebouillon rund 15 Minuten weich kochen.
◆ Den Schinken würfeln, Karotte und Sellerie in zentimetergrosse Würfelchen, den Lauch in Rädchen schneiden und die Zwiebeln hacken.
◆ Das Öl erhitzen, das Gemüse und den Schinken darin kurz anziehen lassen, die Hitze zurückschalten und alles zugedeckt weich dämpfen.
◆ Die gekochten Kichererbsen daruntermischen und den Eintopf würzen.
◆ Etwa 5 Minuten weiterkochen und falls nötig nochmals abschmecken.
◆ Die Petersilie fein hacken und über den Eintopf streuen.

Tips: Mit einem gemischten Salat ergibt es eine vollständige Mahlzeit.

Bereits gekochte Kichererbsen aus der Dose verwenden.

Pro Person:		
	304 Kalorien	30 g Kohlenhydrate
	25 g Protein	20 g Nahrungsfasern
	7 g Fett	24 mg Cholesterin

Griessköpfchen mit feinem Pilzragout

Griessköpfchen:
400 ml Wasser
1 Lorbeerblatt
1 TL Salz
geriebene Muskatnuss
90 g Weizengriess
etwas Butter für die Förmchen
1 Ei
2 EL halbfetter Reibkäse (z.B. Tilsiter oder Bergkäse)

Pilz-Gemüse-Ragout:
1 Knoblauchzehe
200 g Frühlingszwiebeln (2 Stück)
200 g Zucchini oder rote Peperoni (Paprika)
200 g Champignons
2 Zweiglein Thymian
1 Bund Petersilie
1 TL Butter
100 ml Wasser
Salz, Pfeffer
1 EL Kaffeerahm
½–1 ML pflanzliches Bindemittel (z.B. Nesvital)

◆ Den Backofen auf 180 Grad vorheizen.

◆ Das Wasser mit dem Lorbeerblatt aufkochen, Salz und Muskatnuss zufügen. Den Griess einrühren und auf kleiner Hitze 5 Minuten kochen lassen, von Zeit zu Zeit umrühren. Vom Herd nehmen und etwas abkühlen lassen.

◆ In der Zwischenzeit 2 Puddingförmchen (Fassungsvermögen je 200–250 ml) mit wenig Butter ausfetten.

◆ Das Ei trennen und das Eigelb zusammen mit dem Reibkäse in die Griessmasse rühren.

◆ Die Masse in die Puddingförmchen füllen und im vorgeheizten Ofen 15 Minuten warm halten.

◆ Für das Pilz-Gemüse-Ragout den Knoblauch pressen. Die Frühlingszwiebeln und Zucchini oder Peperoni (Paprika) in zentimentergrosse Würfel schneiden, die Champignons putzen und vierteln. Den Thymian und die Petersilie fein hacken.

◆ Die Butter erhitzen, den Knoblauch und das Gemüse darin andünsten, mit dem Wasser ablöschen , Thymian, Salz und Pfeffer beigeben und bei mässiger Hitze zugedeckt knapp 10 Minuten weich dämpfen.

◆ Den Kaffeerahm und das Bindemittel beigeben und 5 Minuten ziehen lassen.

◆ Die Petersilie daruntermischen.

◆ Die Griessköpfchen auf Teller stürzen und das Pilz-Gemüse-Ragout rundherum anrichten.

Tips: Anstelle von Weizengriess feine Polenta nehmen.

Die Frühlingszwiebeln durch Zwiebeln ersetzen.

Anstelle der Puddingfömchen einen Reisring oder eine Gratinform verwenden, zum Anrichten in Tranchen schneiden.

Mit einem Blattsalat ergibt es eine vollständige Mahlzeit.

Das Pilz-Gemüse-Ragout auf Toast servieren.

Pro Person:	312 Kalorien	30 g Kohlenhydrate
	14 g Protein	7 g Nahrungsfasern
	11 g Fett	145 mg Cholesterin

Chinesische Nudeln à la vaudoise

Sauce:
je 1 gelber und roter Peperone (Paprika)
1 kleine Zwiebel
1 Knoblauchzehe
1 EL Olivenöl
50 ml Gemüsebouillon
Salz, Pfeffer
3 Basilikumblätter

1 kleiner roter Peperone (Paprika)
90 g rohe chinesische Nudeln
100 g halbfetter Brie
Schnittlauch zum Garnieren

◆ Die Peperoni (Paprika) für die Sauce entkernen und in kleine Stücke schneiden. Zwiebel und Knoblauch fein hacken.

◆ In einer beschichteten Pfanne das Öl erwärmen und das Gemüse darin andämpfen. Mit der Bouillon ablöschen und zugedeckt weich köcheln.

◆ Die Sauce mixen, mit Salz und Pfeffer abschmecken. Den Basilikum hacken und daruntermischen. Die Sauce beiseite stellen.

◆ Den kleinen, roten Peperone (Paprika) in feine Streifen schneiden, in Salzwasser kurz überwallen, herausnehmen und beiseite stellen.

◆ Im selben Salzwasser die chinesischen Nudeln al dente kochen, gut abtropfen lassen und zurück in den Topf geben. Die Sauce zu den Teigwaren geben.

◆ Den Brie in kleine Würfel schneiden und vorsichtig unter die Nudeln mischen.

◆ Die Hälfte der Peperonistreifen daruntermischen, den Rest als Garnitur verwenden.

◆ Den Schnittlauch fein hacken und darüberstreuen.

Tips: Mit einem gemischten Salat ergibt es eine vollständige Mahlzeit.

Anstelle der chinesischen gewöhnliche Nudeln verwenden.

Pro Person:	352 Kalorien	30 g Kohlenhydrate
	20 g Protein	10 g Nahrungsfasern
	12 g Fett	17 mg Cholesterin

Lasagne

1 Portion Vegetarische Bolognaise (Seite 70)
1 Portion Béchamelsauce (Seite 114)

1 kleiner Kohlrabi (ca. 100 g)
Salz
90 g rohe grüne Lasagneblätter (5 Stück)
3 EL Reibkäse (z.B. Sbrinz)

◆ Die Bolognaise und die Béchamelsauce wie beschrieben zubereiten.

◆ Den Kohlrabi schälen und in 1–2 mm dicke Scheiben schneiden. Reichlich Wasser aufkochen, salzen und die Kohlrabischeiben darin 3 Minuten blanchieren, dann aus dem Wasser heben.

◆ Das Salzwasser erneut zum Kochen bringen und die Lasagneblätter darin knapp al dente garen. Abschütten und abtropfen lassen.

◆ Den Backofen auf 200 Grad vorheizen.

◆ Eine Gratinform mit der Hälfte der Lasagneblätter auslegen, mit der Hälfte der Bolognaise und der Hälfte der Béchamelsauce bedecken, nochmals eine Schicht Lasagneblätter und Sauce daraufgeben.

◆ Mit dem Reibkäse bestreuen und in der Mitte des vorgeheizten Ofens 15–20 Minuten überbacken.

Pro Person:	404 Kalorien	30 g Kohlenhydrate
	21 g Protein	5 g Nahrungsfasern
	14 g Fett	57 mg Cholesterin

Lauchgratin

450 g Lauch
3 EL Wasser
wenig Margarine
120 g Magerquark
1 Ei
50 g halbfetter Käse (z.B. Bündner oder anderer Bergkäse)
100 ml Lauchsud
Salz, Pfeffer
Muskatnuss, Paprika
120 g in der Schale gekochte Kartoffeln

◆ Den Backofen auf 220 Grad vorheizen.

◆ Den Lauch in Röllchen schneiden und in Salzwasser zugedeckt weich dämpfen. Dann in eine leicht ausgefettete feuerfeste Gratinform geben.

◆ In einer Schüssel den Quark mit dem Ei, dem geriebenen Käse und dem Lauchsud verrühren und gut würzen.

◆ Die Kartoffeln schälen und zum Guss reiben.

◆ Die Masse über den Lauch geben und verrühren.

◆ Im vorgeheizten Ofen 20–25 Minuten backen.

Tip: Mit Tomatenreis und einem gemischten Salat ergibt es eine vollständige Mahlzeit.

Pro Person:	274 Kalorien	10 g Kohlenhydrate
	25 g Protein	6 g Nahrungsfasern
	11 g Fett	135 mg Cholesterin

Rösti spezial

300 g Saisongemüse, z.B. Karotten, gelbe Peperoni (Paprika), Zucchini, Blumenkohl
100 g Champignons
1 kleine Zwiebel
1 Knoblauchzehe
360 g in der Schale gekochte Kartoffeln vom Vortag
1 TL Öl (z.B. Erdnussöl)
Salz, Pfeffer
Currypulver
120 g halbfetter Käse (z.B. Appenzeller oder Tilsiter)

◆ Das Gemüse vorbereiten und in etwa gleichgrosse Stücke schneiden. Die Champignons blättrig schneiden. Die Zwiebel in Streifen schneiden. Den Knoblauch pressen. Die Kartoffeln schälen und fein reiben.
◆ Das Öl in einer beschichteten Pfanne erhitzen, Zwiebel und Knoblauch kurz darin anziehen lassen. Gemüse und Kartoffeln beigeben und zugedeckt 5 Minuten dämpfen. Mit Salz, Pfeffer und Currypulver abschmecken.
◆ Die Hitze höher stellen und die Rösti 2 Minuten ohne Fett braten, öfter wenden.
◆ Die Hitze wieder auf mittlere Stufe senken und die Rösti auf jeder Seite etwa 10 Minuten braten. Dabei 2- bis 3mal wenden.
◆ Den Käse reiben, in den letzten paar Minuten über die Rösti streuen und zugedeckt schmelzen lassen.

Tips: Mit Salat ergibt es eine vollständige Mahlzeit.
Anstelle von frischem Gemüse eine tiefgekühlte Gemüsemischung nehmen.
Anstelle von frischen Champignons bereits geschnittene Champignons aus der Dose oder dem Beutel verwenden.
Anstelle von Champignons gemischte frische Pilze verwenden.
Gemüse und Champignons durch 1 Packung getrocknete Pilze (ca. 40 Gramm) ersetzen. Diese nach Anleitung einweichen, mit Zwiebel und Knoblauch andämpfen und danach zu den Kartoffeln geben.

Pro Person:	345 Kalorien	30 g Kohlenhydrate
	24 g Protein	10 g Nahrungsfasern
	14 g Fett	36 mg Cholesterin

Pikante Gratins und Kuchen

Gratinierte Lauch-Schinken-Rollen

300 g Lauch
120 g magerer Schinken (6 dünne Tranchen)
Pfeffer
50 ml Gemüsebouillon
60 g geriebener halbfetter Tilsiter

◆ Den Backofen auf 180 Grad vorheizen.
◆ Den Lauch längs halbieren und waschen. In 5 cm lange Stücke schneiden. Auf dem Siebeinsatz über Dampf 10 Minuten weich dämpfen.
◆ Die Schinkentranchen längs halbieren und die Lauchstücke mit den Schinkentranchen umwickeln. In eine Gratinform reihen. Etwas pfeffern, die Bouillon zugiessen und den Reibkäse darüber verteilen.
Im vorgeheizten Ofen 15–20 Minuten überbacken.

Tips: Mit Ofenkartoffeln und einem gemischten Salat ergibt es eine vollständige Mahlzeit.

Anstelle von Lauch Zucchini oder Chicorée verwenden.

Pro Person:	190 Kalorien	+ g Kohlenhydrate
	25 g Protein	3 g Nahrungsfasern
	8 g Fett	48 mg Cholesterin

Pikanter Reisgratin

90 g roher Langkornreis
400 ml Gemüsebouillon
100 g rote Peperoni (Paprika)

Guss:
½ Bund Basilikum
½ Bund Petersilie
1 Ei
40 g Blanc battu
100 ml Milch-Drink (Trinkmilch)
Salz, Pfeffer, Muskatnuss

60 g halbfetter Bergkäse

◆ Den Reis in der Gemüsebouillon weich kochen.
◆ Die Peperoni (Paprika) in Streifen oder Würfelchen schneiden und beides in eine Gratinform füllen.
◆ Den Backofen auf 220 Grad vorheizen.
◆ Für den Guss die Kräuter fein hacken, mit den übrigen Zutaten vermischen und über den Gratin giessen.
◆ Den Käse reiben und über den Gratin streuen.
◆ In der Mitte des vorgeheizten Ofens 20–25 Minuten überbacken.

Tips: Mit Rosenkohl, Spinat oder einer anderen Gemüsebeilage ergibt es eine vollständige Mahlzeit.

Anstelle von Peperoni (Paprika) Lauch oder Broccoli verwenden.

Pro Person:	307 Kalorien	30 g Kohlenhydrate
	18 g Protein	2 g Nahrungsfasern
	9 g Fett	113 mg Cholesterin

Teigwarengratin

90 g rohe Teigwaren (Hörnli, Hörnchennudeln)
300 g Broccoli
40 g magerer Schinken

Guss:
60 g halbfetter Käse (z.B. Tilsiter, Bergkäse)
100 ml Milch-Drink (Trinkmilch)
60 g Hüttenkäse
1 Knoblauchzehe
Salz, Pfeffer, Muskatnuss
frischer Basilikum oder Schnittlauch

◆ Die Teigwaren al dente kochen, abschütten und beiseite stellen.
◆ Den Broccoli vorbereiten und kurz blanchieren.
◆ Den Schinken in Würfelchen schneiden.
◆ Den Backofen auf 200 Grad vorheizen.
◆ Teigwaren, Broccoli und Schinken mischen und in eine kleine Gratinform füllen.
◆ Für den Guss den Käse reiben.
◆ Milch, Hüttenkäse, den gepressten Knoblauch, Salz, Gewürze und die fein geschnittenen frischen Kräuter mischen, den Käse beigeben und den Guss über dem Gratin verteilen.
◆ In der Mitte des vorgeheizten Ofens rund 20 Minuten gratinieren.

Tips: Anstelle von frischem Broccoli tiefgekühlten verwenden. Broccoli durch ein anderes Gemüse ersetzen, z.B. durch Tomatenscheiben, Fenchel oder eine Gemüsemischung.

Mit einem gemischten Salat ergibt es eine vollständige Mahlzeit.

Pro Person:	355 Kalorien	30 g Kohlenhydrate
	29 g Protein	8 g Nahrungsfasern
	10 g Fett	35 mg Cholesterin

Sauerkrautgratin

120 g mageres Schweinsragout
Salz, Pfeffer
1 TL Öl (z.B. Erdnussöl)
1 Zwiebel
1/2 EL Tomatenpüree
50 ml Rotwein
100 ml Gemüsebouillon
200 g rohes oder gekochtes Sauerkraut
360 g Kartoffelpüree vom Vortag
50 g geriebener Greyerzer

◆ Das Ragoutfleisch in etwa 8 gleichgrosse Stücke teilen, salzen und pfeffern. Eine Bratpfanne erhitzen, das Öl beigeben und das Fleisch darin auf hoher Hitze anbraten.
◆ Die Zwiebel fein hacken, beigeben und mitbraten. Das Tomatenpüree zugeben, mitbraten und mit Rotwein ablöschen. Die Bouillon zugiessen und das Fleisch 20 Minuten auf kleiner Hitze weich kochen.
◆ Den Backofen auf 200 Grad vorheizen.
◆ Den Boden einer Gratinform mit Sauerkraut auslegen und das Ragout darauf verteilen. Das Kartoffelpüree gleichmässig darauf ausstreichen. Mit dem Käse bestreuen.
◆ Im vorgeheizten Ofen 30 Minuten backen.

Tips: Anstelle von selbstgemachtem Kartoffelpüree fixfertiges Püree zum Anrühren verwenden; Analyse beachten und soviel davon nehmen, dass es insgesamt für 2 Personen 60 g Kohlenhydrate ergibt.

Dies ist eine ideale Art, um Reste von Kartoffelpüree zu verwerten.

Zusammen mit einem gemischten Salat ergibt es eine vollständige Mahlzeit.

Pro Person:	359 Kalorien	30 g Kohlenhydrate
	27 g Protein	5 g Nahrungsfasern
	16 g Fett	73 mg Cholesterin

Gemüsekuchen

150 g fertiger Pizzateig oder Quarkteig von Seite 99
evtl. Weizenkleie

100 g Karotten
150 g Zucchini
50 ml Gemüsebouillon
2 mittlere Tomaten (200 g)
40 g magerer Schinken

Guss:
1 Ei
50 ml Gemüsebouillon
2 EL Halbrahm
Muskatnuss, Pfeffer

½ Bund Basilikum
½ Bund Oregano
80 g halbfetter Bergkäse

◆ Den Backofen auf 200 Grad vorheizen.

◆ Den Pizzateig zwischen zwei Lagen Pergamentpapier dünn auswallen, eventuell mit den Händen dünn auseinanderziehen. Eine Springform oder Kuchenform (22 cm Durchmesser) damit auslegen, die Ränder mit einer Gabel festdrücken. Den Boden mit einer Gabel einstechen, eventuell mit etwas Weizenkleie bestreuen, um entstehende Flüssigkeit aufzusaugen.

◆ Die Karotten und Zucchini vierteln und blättrig schneiden. In der Bouillon zugedeckt knapp weich dämpfen, die Bouillon abgiessen.

◆ Die Tomaten und den Schinken würfeln.

◆ Das Gemüse und die Schinkenwürfelchen auf dem Teigboden verteilen.

◆ Alle Zutaten für den Guss miteinander verquirlen und über den Belag giessen.

◆ Basilikum und Oregano hacken und darüberstreuen.

◆ Den Käse reiben und ebenfalls darüber verteilen. In der Mitte des vorgeheizten Ofens 40–45 Minuten backen.

Tips: Ergänzt mit einem reichhaltigen Salat, ergibt dies eine vollständige Mahlzeit.

Statt Karotten und Zucchini Peperoni (Paprika), Blumenkohl oder Lauch nehmen.

Tiefgekühltes Gemüse verwenden.

Pro Person:	483 Kalorien	30 g Kohlenhydrate
	28 g Protein	6 g Nahrungsfasern
	22 g Fett	138 mg Cholesterin

Maispizza

1 Knoblauchzehe
300 ml Gemüsebouillon
90 g roher feiner Maisgriess
Pfeffer, Muskatnuss
Öl für das Kuchenblech

Belag:
3 kleine Tomaten (250 g)
½ Zwiebel
1 grüner Peperone (Paprika)
100 g Pilze
60 g magerer Schinken
1 EL Wasser
frischer Basilikum
Oregano
Salz, Pfeffer
40 g halbfetter Formagella (italienischer Weissschimmelkäse)

◆ Den Mais am Vorabend zubereiten: Den Knoblauch fein hacken, mit der Bouillon aufkochen, den Maisgriess langsam einrühren und 10–15 Minuten unter häufigem Rühren weich köcheln. Mit wenig Pfeffer und Muskatnuss abschmecken.
◆ Ein Kuchenblech (24 cm Durchmesser) mit Pergamentpapier auslegen und die Ränder mit wenig Öl bepinseln.
◆ Den Maisbrei auf dem Kuchenblech ausstreichen und erkalten lassen.
◆ Den Backofen auf 200 Grad vorheizen.
◆ Für den Belag die Tomaten in kleine Würfelchen schneiden und die Zwiebel fein hacken. Den Peperone (Paprika) in Streifen und die Pilze blättrig schneiden. Den Schinken in Würfelchen schneiden.
◆ Die Zwiebel ohne Fettstoff mit 1 EL Wasser bei mittlerer Hitze kurz andämpfen, das Gemüse beigeben und weich dämpfen. Nach Belieben pürieren. Beiseite stellen.
◆ Die Tomatenmasse auf dem Maisboden ausstreichen und den Schinken darüber verteilen.
◆ Basilikum und Oregano fein hacken und zusammen mit Salz und Pfeffer über die Pizza streuen.
◆ Den Käse fein reiben und über der Pizza verteilen.
◆ In der Mitte des vorgeheizten Ofens 20 Minuten backen.

Tips: Mit einem reichhaltigen Gemüsesalat ergibt es eine vollständige Mahlzeit.

Instant-Mais verwenden; Sie verkürzen so die Vorbereitungszeit.

Anstelle von frischen Tomaten 1 TL Tomatenpüree und Dosentomaten (Pelati) verwenden.

Pro Person:	340 Kalorien	30 g Kohlenhydrate
	26 g Protein	8 g Nahrungsfasern
	9 g Fett	33 mg Cholesterin

Ofenguck

360 g Kartoffeln
1 Eigelb
2 EL Milch-Drink (Trinkmilch)
3 EL Halbrahm
40 g magerer Schinken
Salz, Pfeffer aus der Mühle
Muskatnuss
1 EL geriebener halbfetter Tilsiter

2 Eigelb
Pfeffer
½ Bund Petersilie

◆ Die geschälten Kartoffeln in Salzwasser weich kochen. Anschliessend das Wasser abgiessen und die Kartoffeln durch das Passiergerät drehen.
◆ Eigelb, Milch und Rahm zum Kartoffelpüree geben und gut verquirlen.
◆ Den Schinken in Würfel schneiden und ebenfalls untermischen.
◆ Die Masse mit Salz, Pfeffer und Muskatnuss abschmecken.
◆ Den Backofen auf 220 Grad vorheizen.
◆ Die Masse gleichmässig (eventuell mit dem Spritzsack mit grosser Tülle) in zwei Gratinförmchen verteilen. Mit dem Käse bestreuen.
◆ 10 Minuten auf der zweituntersten Rille im vorgeheizten Backofen überbacken.
◆ Die Förmchen kurz aus dem Ofen nehmen, mit einem Esslöffel je eine Vertiefung in die Masse drücken und je ein Eigelb hineinlaufen lassen. Etwas pfeffern.
◆ Nochmals 4–5 Minuten im Ofen überbacken.
In der Zwischenzeit die Petersilie fein hacken und vor dem Servieren darüberstreuen.

Tips: Mit einem reichhaltigen Salat ergibt es eine vollständige Mahlzeit.

Bereits fertiges Kartoffelpüree verwenden.

Das nicht gebrauchte Eiweiss einzeln einfrieren und z.B. für eine schaumige Dessertcreme weiterverwenden.

Pro Person:	308 Kalorien	30 g Kohlenhydrate
	15 g Protein	5 g Nahrungsfasern
	15 g Fett	398 mg Cholesterin

Kartoffel-Spinat-Gratin

400 g Blattspinat
360 g rohe Kartoffeln
1 kleine Zwiebel
Salz, Pfeffer
½ TL Curry

Guss:
1–2 Zweiglein Thymian
1 Knoblauchzehe
200 ml kräftige Gemüsebouillon
Pfeffer, Muskatnuss
100 g Magerquark
100 g geriebener halbfetter Bergkäse
3 EL Kaffeerahm

◆ Den Backofen auf 220 bis 250 Grad vorheizen.
◆ Den Spinat waschen und in mundgerechte Stücke zupfen. Die Kartoffeln schälen und in 2 mm feine Scheiben schneiden. Die Zwiebel fein hacken.
◆ Die Hälfte des Spinats auf dem Boden einer Gratinform verteilen, die Kartoffelscheiben darüberschichten, mit den Zwiebeln bestreuen und den restlichen Spinat darüber verteilen. Mit Salz, Pfeffer und Curry würzen.
◆ Für den Guss den Thymian fein hacken und den Knoblauch pressen. Mit allen übrigen Zutaten vermischen und über den Gratin verteilen.
◆ In der Mitte des vorgeheizten Ofens 40–50 Minuten gratinieren.

Tips: Mit einem reichhaltigen gemischten Salat ergibt es eine vollständige Mahlzeit.

Anstelle von frischem Spinat tiefgekühlten verwenden.

Anstelle von rohen Kartoffeln gekochte Kartoffeln vom Vortag verwenden, die Backzeit verkürzt sich dann auf 20 Minuten.

Pro Person:	347 Kalorien	30 g Kohlenhydrate
	30 g Protein	11 g Nahrungsfasern
	12 g Fett	25 mg Cholesterin

Süsse kleine Mahlzeiten

Maiskuchen

200 ml Milch-Drink (Trinkmilch)
100 ml Wasser
1 Prise Salz
10 g Butter
1 Zitrone, Schale und Saft
75 g roher feiner Maisgriess
80 g geschälte Birne (1 kleine)
6 EL Halbrahm
2 Tropfen flüssiger Süssstoff
160 g säuerlicher Apfel (1 mittlerer)
wenig Süsspulver
Zimt
Öl für die Springform

◆ Milch und Wasser zusammen mit dem Salz, der Butter, der abgeriebenen Zitronenschale und dem Saft aufkochen.

◆ Den Maisgriess langsam einrühren und rund 20 Minuten bei schwacher Hitze unter häufigem Rühren zugedeckt köcheln lassen.

◆ Die Birne in kleine Stückchen schneiden und mit dem Rahm und dem flüssigen Süssstoff zur Maismasse geben. Gut mischen.

◆ Den Backofen auf 180 Grad vorheizen. Den Boden einer Springform (15 cm Durchmesser) mit Pergamentpapier auskleiden. Die Ränder mit etwas Öl bepinseln. Die Griessmasse etwa 3 cm hoch einfüllen.

◆ Die Äpfel in feine Schnitze schneiden und den Teig damit ringförmig dicht belegen.

◆ Mit Zimt und wenig Süsspulver bestreuen und in der Mitte des vorgeheizten Ofens 30 Minuten backen.

Tips: Der Maiskuchen kann warm und kalt gegessen werden.

Die Kohlenhydrate decken sowohl die Stärkebeilage wie das Dessert ab.

Nach einer Gemüsesuppe oder einem reichhaltigen Salatteller als Vorspeise servieren.

Anstelle von Maisgriess Weizengriess verwenden.

Anstelle von zwei Fruchtsorten nur eine verwenden Anstelle der frischen Früchte einen Rest ungezuckertes Kompott verwenden.

Pro Person:	340 Kalorien	45 g Kohlenhydrate
	8 g Protein	4 g Nahrungsfasern
	13 g Fett	32 mg Cholesterin

Haferbrei

400 ml Milch-Drink (Trinkmilch)
200 ml Wasser
2 Prisen Salz
60 g Haferflocken
flüssiger Süssstoff nach Belieben
Zimt

◆ Milch und Wasser zusammen aufkochen.
◆ Das Salz und die Haferflocken beigeben und 10 Minuten zu einem Brei köcheln lassen.
◆ Nach Belieben süssen und mit Zimt abschmecken.

Tips: Die Haferflocken können Sie durch Weizengriess ersetzen, die Kochzeit ist dann kürzer.

Statt Zimt Vanilleschote nehmen. Diese aufschlitzen und mit der Milch aufkochen lassen. Am Ende der Kochzeit die Schote entfernen.

Auch als ideales Frühstück vor einer sportlichen Leistung geeignet, da er langanhaltend sättigt.

Pro Person:	224	Kalorien	30 g	Kohlenhydrate
	10 g	Protein	1 g	Nahrungsfasern
	8 g	Fett	10 mg	Cholesterin

Birnenwähe

100 g Kuchenteig
wenig Margarine
320 g geschälte Birnen

Guss:
1 Ei
100 g Magerquark
100 ml Milch-Drink (Trinkmilch)
wenig flüssiger Süssstoff
Zitronensaft
Zimt

◆ Den Backofen auf 200 Grad vorheizen.
◆ Den Kuchenteig ohne Mehl zwischen zwei Schichten Haushaltfolie auswallen.
◆ Ein Kuchenblech (20 cm Durchmesser) leicht mit Margarine ausfetten, mit dem Teig auslegen. Den Teigboden mit einer Gabel einstechen.
◆ Die Birnen in feine Schnitze schneiden und auf dem Teig verteilen.
◆ Die Zutaten für den Guss gut verrühren und über den Kuchen giessen.
◆ Im vorgeheizten Ofen 45 Minuten backen.

Tips: Obst je nach Saisonangebot wählen.

Den Kuchen mit Nüssen oder Mandelblättchen bestreuen (Fett!).

Pro Person:	400	Kalorien	40 g	Kohlenhydrate
	15 g	Protein	5 g	Nahrungsfasern
	18 g	Fett	121 mg	Cholesterin

Zwetschgenauflauf

100 g Vollkornbrot
200 ml Milch-Drink (Trinkmilch)
100 ml Wasser
30 g Minarine oder Light-Butter
flüssiger Süssstoff nach Belieben
2 Eigelb
½ Zitrone, Schale und Saft
180 g Zwetschgen
50 g Mandeln
1 Msp. Zimt
2 Eiweiss

◆ Das Vollkornbrot in kleine Würfelchen schneiden.
◆ Milch und Wasser zusammen aufkochen, über die Brotwürfelchen giessen und diese nach 5–10 Minuten mit einer Gabel zerdrücken.
◆ Fettstoff, Süssstoff, Eigelb, Zitronenschale und Zitronensaft zusammen schaumig rühren.
◆ Den Backofen auf 180 Grad vorheizen.
◆ Die Zwetschgen halbieren, entsteinen und in feine Scheiben schneiden, zusammen mit den Mandeln und dem Zimt zur Masse geben und gut mischen.
◆ Das Eiweiss steif schlagen und vorsichtig unter die Masse ziehen.
◆ In eine mittelgrosse Gratinform giessen und auf der untersten Rille des vorgeheizten Ofens etwa 30 Minuten backen.

Tips: Mit einer Gemüsesuppe als Vorspeise ergibt es eine vollständige Mahlzeit.

Nach Belieben zusätzlich ein Zwetschgenkompott dazu servieren.

Anstelle von Zwetschgen Kirschen verwenden.

Anstelle von frischen Zwetschgen tiefgekühlte nehmen.

Den Auflauf in zwei kleinen Portionen-Gratinförmchen backen.

Pro Person:	490 Kalorien	35 g Kohlenhydrate
	20 g Protein	9 g Nahrungsfasern
	28 g Fett	243 mg Cholesterin

Zwiebackauflauf

200 ml Milch-Drink (Trinkmilch)
100 ml Wasser
½ Vanillestengel
75 g Vollkornzwieback ohne Zuckerzusatz
200 g entsteinte Aprikosen
Zitronensaft
1 Eigelb
100 g Magerquark
flüssiger Süssstoff nach Belieben
2 EL Kaffeerahm
1 Orange, nur die Schale
30 g Haselnüsse
1 Eiweiss

◆ Milch und Wasser zusammen aufkochen, den aufgeschlitzten Vanillestengel beifügen.

◆ Den Zwieback leicht zerkleinern und zugeben, etwas ziehen lassen.

◆ Mit einer Gabel den Zwieback zerdrücken und die Masse zu einem Brei rühren. Die Samen aus dem Vanillestengel auskratzen.

◆ Die Aprikosen fein schneiden und zusammen mit etwas Zitronensaft zur Zwiebackmasse geben.

◆ Eigelb, Quark, Süssstoff und Kaffeerahm verrühren und die Orangenschale hineinreiben.

◆ Die Haselnüsse ohne Fettstoff in einer beschichteten Pfanne leicht anrösten, beiseite stellen und etwas auskühlen lassen. Dann zu der Eimasse geben.

◆ Den Backofen auf 180 Grad vorheizen.

◆ Das Eiweiss steif schlagen und vorsichtig unter die Eimasse ziehen.

◆ Ei- und Zwiebackmasse vorsichtig miteinander mischen, in eine Gratinform füllen und im vorgeheizten Backofen auf der untersten Rille 30–35 Minuten backen.

Tips: Anstelle von frischen Aprikosen tiefgekühlte ohne Zuckerzusatz verwenden.

Mit einer Gemüsesuppe als Vorspeise ergibt es eine vollständige Mahlzeit.

Pro Person:	475 Kalorien	45 g Kohlenhydrate
	23 g Protein	6 g Nahrungsfasern
	21 g Fett	133 mg Cholesterin

Pfirsichkuchen mit Quarkteig

Teig:
90 g Ruchmehl (Mehl Typ 1050)
Salz
20 g Margarine
60 g Magerquark

Belag:
300 g frische Pfirsiche ohne Stein

Guss:
1 grosses Ei
80 g Magerquark
50 ml Milch-Drink (Trinkmilch)
1 Msp. Zimt
½ Zitrone, Saft und Schale
flüssiger Süssstoff nach Belieben

◆ Für den Teig Mehl und Salz mischen, die Margarine in Flocken beigeben und mit den Fingern verreiben. Den Quark zugeben und alles rasch zu einem Teig zusammenfügen. Nur kurz kneten. Zwei Bleche (12 cm Durchmesser) mit je einer halben Portion Teig auslegen.

◆ Die Pfirsiche halbieren, den Stein entfernen und das Fruchtfleisch in feine Scheiben schneiden, die Teigböden mit jeweils der Hälfte der Pfirsichschnitze belegen.

◆ Den Backofen auf 180 Grad vorheizen.

◆ Für den Guss das Ei verquirlen, die übrigen Zutaten zugeben und vermischen. Gleichmässig auf die zwei Bleche verteilen.

◆ Im vorgeheizten Ofen auf der zweituntersten Rille etwa 30 Minuten backen.

Tips: Mit einer Gemüsesuppe als Vorspeise ergibt es eine vollständige Mahlzeit.

Der Teig kann tiefgekühlt werden.

Anstelle von 90 g Ruchmehl (Mehl Typ 1050), halb Weissmehl halb Vollkornmehl verwenden.

Anstelle von frischen Pfirsichen Pfirsichkompott ohne Zucker verwenden.

Anstelle von Pfirsichen Waldbeeren, Birnen oder Zwetschgen verwenden

Pro Person:	396 Kalorien	45 g Kohlenhydrate
	21 g Protein	5 g Nahrungsfasern
	13 g Fett	122 mg Cholesterin

Gerichte für Gäste

Gefülltes Partybrot

Für 4 Personen

300 g Vollkornbrot (länglicher Laib)
1 Zwiebel
1 Knoblauchzehe
1 Karotte
2 Essiggurken
1 gelber Peperone (Paprika)
150 g mageres, gehacktes Rindfleisch
1 TL Tomatenpüree
50 ml Rotwein
Salz, Pfeffer
150 ml Gemüsebouillon
½ Bund Basilikum
½ Bund Petersilie
1 Zweiglein Thymian
120 g halbfetter Bergkäse
2 TL geriebener Parmesan

◆ Das Brot längs waagrecht durchschneiden und beide Brothälften aushöhlen.
◆ Das zerkrümelte Brot in eine Schüssel geben.
◆ Die Zwiebel hacken, den Knoblauch pressen, die Karotte fein reiben, die Essiggurken und den Peperone (Paprika) fein würfeln.
◆ Das Fleisch ohne Fettstoff anbraten. Zwiebel, Knoblauch und Tomatenpüree beigeben und weiterbraten, bis es gut riecht, dann mit dem Rotwein ablöschen.
◆ Das Gemüse, Brotkrumen, Gewürze und Bouillon beigeben und 10 Minuten köcheln lassen.
◆ In der Zwischenzeit den Backofen auf 200 Grad vorheizen.
◆ Die Kräuter fein hacken und den Käse würfeln.
◆ Am Schluss Kräuter und Käse unter die Masse rühren und damit das ausgehöhlte Brot füllen. Mit Parmesan bestreuen.
◆ Im vorgeheizten Ofen 10–15 Minuten auf der untersten Rille überbacken.

Tips: Mit zwei bis drei verschiedenen Gemüsesalaten ergibt es eine vollständige Mahlzeit.

Anstelle eines ganzen Brotes Vollkorntoastbrotscheiben oder einzelne kleine Brötchen nehmen.

Kann kalt und warm gegessen werden.

Wer's gerne etwas kräftiger mag, verwendet anstelle von Peperoni (Paprika) Lauch.

Pro Person:	330 Kalorien	30 g Kohlenhydrate
	23 g Protein	8 g Nahrungsfasern
	11 g Fett	31 mg Cholesterin

Ideen für Grilladen

Joghurtmarinade

1/2 Bund Kerbel oder Petersilie
1/2 Orange, Saft und abgeriebene Schale
2 EL Orangensaft
90 g Joghurt nature, teilentrahmt
Paprika
1 Msp. Safran
Cayennepfeffer, Zimt

◆ Die Kräuter fein hacken.
◆ Alle Zutaten vermischen.
◆ Passt gut zu Lamm, Schwein, Geflügel oder Fisch.

Pro Person:	23 Kalorien	3 g Kohlenhydrate
	2 g Protein	0 g Nahrungsfasern
	1 g Fett	+ mg Cholesterin

Rotweinmarinade

1/2 Bund Oregano
1/2 Bund Thymian
1 Knoblauchzehe
50 ml Rotwein
2 EL Olivenöl
1/2 EL Tomatenpüree
1/2 TL Worcestershiresauce
2 Lorbeerblätter

◆ Die Kräuter fein hacken, den Knoblauch pressen.
◆ Alle Zutaten vermischen.
◆ Passt gut zu Lamm, Geflügel, Gemüse oder Tofu.

Pro Person:	104 Kalorien	+ g Kohlenhydrate
	+ g Protein	+ g Nahrungsfasern
	10 g Fett	0 mg Cholesterin

Lammsteak

Pro Person 100–150 g Lammsteak
Marinade siehe nebenan

◆ Das Fleisch marinieren, am besten über Nacht oder mindestens 2 Stunden vor dem Grillieren.
◆ Vor dem Grillieren die Marinade abstreifen und in ein Schälchen füllen.
◆ Das Fleisch nahe über der Glut auf den Grill legen. Sobald kleine Flüssigkeitstropfen auf der Oberfläche des Fleisches erscheinen, das Steak wenden.
◆ Die zweite Seite gleich lang wie die erste grillieren.
◆ Kurz vor Ende der Grillzeit die Oberfläche mit Marinade bestreichen.

Fischspiesschen

Pro Person 100–150 g Lachs, Thunfisch, Kabeljau, Zander, gemischt, in Würfeln
Marinade siehe nebenan

◆ Die Fischstücke marinieren, die Marinade abtropfen lassen und die Fischstücke auf Spiesse stecken.
◆ In einer Aluschale oder in Alufolie auf den Grill legen. Die Hitze sollte nicht zu stark sein, sonst trocknet der Fisch zu sehr aus.
◆ Sobald der Fisch nicht mehr glasig ist, servieren.

Gemüse

Pro Person 200 g Tomaten, Auberginenscheiben oder Zucchinischeiben
Öl (z.B. Olivenöl)

◆ Die Gemüsescheiben mit wenig Öl bepinseln und auf den Grill legen. Öfter wenden.
◆ Dazu passt Reissalat, Kartoffelsalat oder Brot.

Truthahn tonnato

Für 4 Personen

200–250 g geräucherte Truthahnbrust, dünn geschnitten

Thonsauce:
1 Dose Thunfisch ohne Ölzusatz (155 g)
60 g Blanc battu
1 EL Magerquark
1 EL Light-Mayonnaise
1 TL Zitronensaft
1 EL Kaffeerahm
Salz, Pfeffer

Garnitur:
1 Zwiebel
3 EL Kapern
½ Bund Petersilie

◆ Für die Sauce den Thunfisch in eine Schüssel geben und mit der Gabel etwas zerdrücken. Die übrigen Saucenzutaten dazugeben und kräftig zu einer feinen Masse schlagen. Kühl stellen.
◆ Das Truthahnfleisch auf einer Platte schön anrichten.
◆ Vor dem Servieren etwas Sauce über einen Teil des Fleisches geben, die restliche Sauce separat dazu servieren.
◆ Für die Garnitur die Zwiebel in Ringe schneiden und die Platte mit Zwiebelringen, Kapern und Petersilie ausgarnieren.

Tip: Mit Vollkorn-Knoblauchbrot und verschiedenen Gemüsesalaten ergibt es eine vollständige Mahlzeit.

Pro Person:	191 Kalorien	+ g Kohlenhydrate
	24 g Protein	+ g Nahrungsfasern
	10 g Fett	40 mg Cholesterin

Salmterrine

Für 6 Personen

50 ml Gemüsebouillon
¼ ML pflanzliches Bindemittel (z.B. Nesvital)
200 ml Halbrahm
350 g Salm, ohne Haut und Gräten
Salz, weisser Pfeffer
40 g Halbrahm
50 g Steinbutt oder Zander
½ Bund Dill
50 g Champignons
Zitronensaft
10 g Trüffel oder Totentrompeten
Cayennepfeffer
Dillzweiglein zur Garnitur

◆ Den Backofen auf 80 Grad vorheizen.

◆ Die Gemüsebouillon kurz erhitzen, das Bindemittel einrühren, von der Herdplatte ziehen und 2–5 Minuten ziehen lassen. Den Halbrahm zugeben, unterrühren und nochmals 10 Minuten ziehen lassen.

◆ 200 g vom Salm leicht würzen und mit zwei Dritteln der Rahm-Bouillon-Mischung im Mixer zu einer Creme verarbeiten.

◆ Den Halbrahm – direkt aus dem Kühlschrank – zu Schlagrahm schlagen und vorsichtig unter die Salmmasse ziehen.

◆ Den Steinbutt mit der restlichen Rahm-Bouillon-Mischung im Mixer zu einer Creme verarbeiten. Nach Belieben leicht salzen und pfeffern. Den Dill fein hacken und unter die Steinbuttcreme mischen.

◆ Die Champignons in sehr feine Streifen schneiden, mit Zitronensaft beträufeln und ebenfalls unter die Steinbuttcreme mischen.

◆ Eine Cakeform (ca. 28 cm lang, 8 cm breit) grosszügig mit Klarsichtfolie auslegen. Den Backofen auf 80 Grad vorheizen.

◆ Zuerst den Boden und die Wände (ca. 4–5 cm hoch) mit einem Teil der Salmcreme bestreichen, darauf die Steinbuttcreme geben. Den restlichen Salm in feine Tranchen schneiden und auf die Steinbuttcreme legen. Die Trüffel fein hobeln, darüber verteilen und die Form mit der restlichen Salmcreme auffüllen.

◆ Die Terrine mit Folie verschliessen und in eine feuerfeste Form stellen, diese mit möglichst viel Wasser auffüllen (Wasserbad) und auf die Herdplatte stellen. Das Wasserbad bis zum Siedepunkt erhitzen.

◆ Dann die Terrine auf der zweituntersten Rille im vorgeheizten Ofen rund eine Stunde garen.

◆ Nadelprobe: Eine Nadel in die Mitte der Terrine stecken und wieder herausziehen. Wenn die Nadel warm ist, ist die Terrine fertig.

◆ Aus dem Ofen nehmen und etwa einen halben Tag im Kühlschrank auskühlen lassen.

◆ Mit Dillspitzen und Cayennepfeffer garnieren.

Tips: Anstelle einer Cakeform einen Reisring verwenden.

Wenn Sie eine Porzellan-Terrinenform verwenden, verlängert sich die Garzeit auf 90 Minuten.

Achten Sie darauf, dass Sie den Fisch und den Rahm möglichst kalt mixen.

Anstelle des Steinbutts eignen sich alle eiweissreichen, grätenfreien Fische, wie z.B. Hecht, Zander, Rotbarsch, Seeteufel.

Mit verschiedenen Salaten und frischem Vollkornbrot ergibt es eine vollständige Mahlzeit.

Pro Person:	227	Kalorien	+ g	Kohlenhydrate
	14 g	Protein	+ g	Nahrungsfasern
	18 g	Fett	56 mg	Cholesterin

Schinken an Champagnersauce

Für 4 Personen

1 Rollschinken von ca. 500 g
400 ml Champagner brut
2 Zwiebeln
1 Knoblauchzehe
2 Karotten
1/4 Knollensellerie
1 kleine Tomate
1 EL körniger Senf
1 TL Tomatenpüree
1 EL Cognac
Pfeffer

◆ Den Schinken im Champagner über Nacht marinieren.
◆ Die Zwiebeln und den Knoblauch vierteln, Karotten, Sellerie und Tomate würfeln.
◆ Den Schinken herausheben, in einen Brattopf legen und das geschnittene Gemüse beigeben.
◆ Senf und Tomatenpüree zufügen und vermischen, den Schinken mit dem Champagner begiessen und 40 Minuten schmoren lassen. Von Zeit zu Zeit mit Champagner benetzen.
◆ Den Schinken herausnehmen und warm stellen. Die Sauce aufkochen, mit dem Stabmixer pürieren, mit Pfeffer abschmecken und den Cognac beigeben.
◆ Den Schinken aufschneiden, einen Teil der Sauce auf eine Platte giessen, das Fleisch darauf anrichten und den Rest der Sauce separat dazu servieren.

Tips: Mit Ofenkartoffeln oder Kartoffelsalat und einem gemischten Salat oder verschiedenen Gemüsesalaten oder gedämpften Bohnen ergibt es eine vollständige Mahlzeit.

Falls Sie ein grösseres Fleischstück verwenden, verlängert sich die Schmorzeit entsprechend.

Pro Person:	220	Kalorien	+ g	Kohlenhydrate
	24 g	Protein	2 g	Nahrungsfasern
	4 g	Fett	60 mg	Cholesterin

Schweinsmedaillon mit Tomaten

2 Schweinsmedaillons zu ca. 80 g
(z.B. Schweinsfilet, -filetspitz oder -nuss)
2 magere, längliche Schinkentranchen
1 kleine Tomate
1 TL Thymian
Salz, Pfeffer
2 TL geriebener Parmesan

◆ Die Schweinsmedaillons mit je einer Schinkentranche umlegen und diese mit Küchengarn festbinden.
◆ Die Medaillons bei mittlerer Hitze ohne Fett auf den Fleischseiten je 1 Minute anbraten, dann auf der Schinkenseite ringsherum 2–3 Minuten anbraten. Die Hitze etwas reduzieren und die Medaillons unter häufigem Wenden weitere 3 Minuten braten.
◆ Von der Tomate 2 Scheiben abschneiden, den Rest für einen Salat verwenden. Die Tomatenscheiben am Rand der Bratpfanne kurz andünsten, ab und zu wenden.
◆ Den Thymian hacken und auf die Tomatenscheiben verteilen.
◆ Die Schweinsmedaillons salzen und pfeffern, auf jedes Medaillon eine Tomatenscheibe legen und mit dem Parmesan bestreuen, die Hitze abschalten.
◆ Die Bratpfanne zudecken, bis der Käse geschmolzen ist.

Tips: Mit Safranrisotto oder Kartoffelpüree und einem gedämpften Gemüse ergibt es eine vollständige Mahlzeit.

Falls Sie grössere Fleischstücke verwenden, verlängert sich die Garzeit entsprechend.

Pro Person:	112 Kalorien	+ g Kohlenhydrate
	21 g Protein	1 g Nahrungsfasern
	3 g Fett	58 mg Cholesterin

Gefüllte Tortillas

Ein ideales Gericht zum Vorbereiten. Alle Zutaten stehen auf dem Tisch und jeder Gast kann sich nach seinem Geschmack seine Tortillas selbst füllen. Dann werden sie zur Hälfte zusammengeschlagen und entweder mit der Hand oder mit Messer und Gabel gegessen.

Für 4 Personen

8 Stück fertige Tortillas
(erhältlich in Spezialitätenabteilungen von Supermärkten und (mexikanischen) Spezialitätengeschäften)

Enchilada (siehe Seite 110)
Guacamole (siehe Seite 110)

½ Kopf Eisbergsalat
60 g geriebener halbfetter Tilsiter
Sambal Oelek

◆ Die Enchilada kochen.
◆ Die Guacamole zubereiten.
◆ Den Eisbergsalat in Streifen schneiden und in eine Schüssel geben.
◆ Den Reibkäse in eine Schale füllen.
◆ Sambal Oelek ebenfalls in ein kleines Schälchen füllen.
◆ Die Tortillas ohne Fett in einer beschichteten Pfanne auf jeder Seite eine Minute backen und im auf 100 Grad vorgeheizten Backofen warm stellen.

Pro Person:	489 Kalorien	45 g Kohlenhydrate
	25 g Protein	8 g Nahrungsfasern
	20 g Fett	45 mg Cholesterin

(für Tortillas mit Enchilada und Guacamole)

Enchilada (Füllung für Tortillas)

1 Zwiebel (ca. 100 g)
1–2 Knoblauchzehen
je ½ gelber und roter Peperone (Paprika)
(je ca. 100 g)
1 kleine Zucchini (ca. 100 g)
1 kleine Karotte
1 TL Olivenöl
50 ml Rotwein
200 g Dosentomaten (Pelati)
50 ml Gemüsebouillon
1 TL Salz
Pfeffer
1 TL getrocknete italienische Kräutermischung
200 g Pouletbrust
½ Bund Basilikum

◆ Die Zwiebel fein hacken, den Knoblauch pressen. Die Peperoni (Paprika) halbieren, entkernen und in 2 x 3 cm grosse Stücke schneiden. Die Zucchini längs halbieren, die Kerne mit einem Teelöffel entfernen und die Zucchini in 3 mm dicke Halbmonde schneiden. Die Karotte schälen und in feine Scheiben schneiden.
◆ Zwiebel und Knoblauch im Olivenöl kurz andünsten, das Gemüse beigeben, kurz weiterdünsten.
◆ Mit dem Rotwein ablöschen, die Tomaten und die Gemüsebouillon zugeben, 20 Minuten köcheln lassen.
◆ Mit Salz, Pfeffer und der Kräutermischung würzen.
◆ Die Pouletbrust in mundgrosse Stücke schneiden und beigeben.
◆ Je nach Wassergehalt des Gemüses die letzten 10 Minuten ohne Deckel köcheln lassen.
◆ Den Basilikum fein hacken und am Schluss unterrühren.

Tip: Übriggebliebene Enchilada als Spaghettisauce weiterverwenden.

Guacamole (Avocadocreme)

1 Tomate
1 kleine Zwiebel
2 Chilischoten
1 Avocado
½ Limone
1 TL Zitronensaft
Salz, Pfeffer
1 Msp. gemahlener Koriander
¼ Bund Petersilie

◆ Die Tomate in kleine Würfel schneiden.
◆ Die Zwiebel und die Chilischoten fein hacken und in eine Schüssel geben.
◆ Die Avocado halbieren, den Stein entfernen und das Fruchtfleisch mit einem Löffel herausheben. Mit einer Gabel fein zerdrücken und mit den Tomaten in die Schüssel geben, mischen.
◆ Die Limone auspressen, den Saft zusammen mit dem Zitronensaft unter die Avocadomasse rühren.
◆ Mit Salz, Pfeffer und Koriander abschmecken.
◆ Die Petersilie fein hacken und ebenfalls unterrühren. Kühl stellen.

Tip: Guacamole eignet sich auch als Apérodip zu Tacos-Chips oder als exotischer Dip zu Gemüse.

Portugiesischer Bohnentopf

120 g rohe Borlottibohnen
120 g Karotten
120 g Sellerie
100 g mageres Rippli vom Nierstück (Kasseler)
1 Zwiebel
1 Knoblauchzehe
100 g Tomaten
250 g Kohl
1 EL Olivenöl
½ Bund glattblättrige Petersilie
1 Lorbeerblatt
1 Nelke
Pfeffer aus der Mühle
½ l Gemüsebouillon

- Die Borlottibohnen über Nacht in viel Wasser einlegen.
- Die Bohnen abschütten, in den Dampfkochtopf geben und mit Wasser bedecken.
- Karotte und Sellerie fein blättrig schneiden. Das Rippli (Kasseler) würfeln. Die Hälfte des Gemüses mit dem Fleisch zu den Bohnen in den Kochtopf geben. Alles 10–15 Minuten im Dampfkochtopf kochen.
- Die Zwiebel fein hacken, den Knoblauch pressen. Die Tomate würfeln und den Kohl in feine Streifen schneiden.
- Das Öl in einer beschichteten Pfanne erhitzen, Zwiebel und Knoblauch darin anziehen lassen, das restliche Gemüse, Tomate und Kohl beigeben und mitdämpfen.
- Die Petersilie fein hacken und mit den Gewürzen daruntermischen.
- Mit der Bouillon auffüllen und 15–20 Minuten zugedeckt köcheln lassen.
- Gemüse, Bohnen und Fleisch zusammenmischen, nochmals 20–30 Minuten kochen lassen und servieren.

Tips: Mit einem Salat ergibt es eine vollständige Mahlzeit.

Ein paar Tropfen Essig und ½ TL Olivenöl vor dem Servieren runden den Geschmack ab.

Pro Person:	356 Kalorien	30 g Kohlenhydrate
	26 g Protein	23 g Nahrungsfasern
	12 g Fett	35 mg Cholesterin

Osso buco mit Tomatenspätzli

Osso buco

2 magere Kalbshaxen zu je 130 g
Salz, Pfeffer
Thymian- und Paprikapulver
1 mittlere Zwiebel
1 grosse Karotte
1/4 Knolle Sellerie
60 g Lauch
1 TL Öl (z.B. Erdnussöl)
1 TL Tomatenpüree
100 ml Rotwein
150–200 ml Gemüsebouillon
1/2 ML pflanzliches Bindemittel (z.B. Nesvital)
1 Rosmarinzweig
4 EL Halbrahm

◆ Die Schweinshaxen würzen.
◆ Die Zwiebel fein hacken, die Karotte in feine 1 1/2 cm lange Stengelchen, den Sellerie fein blättrig und den Lauch in Rädchen schneiden.
◆ Das Öl in einem Gusseisentopf erhitzen und die Haxen beidseitig gut anbraten. Zwiebel und Gemüse beigeben und ebenfalls kurz anziehen lassen.
◆ Das Tomatenpüree beigeben und anbraten, bis sich eine leicht bräunliche Farbe entwickelt. Mit dem Rotwein ablöschen und mit der Bouillon auffüllen.
◆ Das Bindemittel einrühren und den Rosmarinzweig beigeben. 1 Stunde zugedeckt köcheln lassen. Dann den Topf von der Herdplatte ziehen, den Halbrahm zugeben und verrühren.

Tip: Mit gedämpften Kräutertomaten oder Broccoli ergibt es eine vollständige Mahlzeit.

Pro Person:	223	Kalorien	+ g	Kohlenhydrate
	21 g	Protein	4 g	Nahrungsfasern
	9 g	Fett	78 mg	Cholesterin

Tomatenspätzli

125 g Vollkornmehl
100 g Weissmehl
1 TL Salz
Muskatnuss
2 Eier
50 ml Wasser
2 EL Tomatenpüree
Öl (z.B. Erdnussöl)

◆ Das Mehl in eine Schüssel geben, in der Mitte eine Vertiefung bilden, Salz und Muskatnuss hineingeben.
◆ Die Eier verklopfen und mit dem Wasser sowie einem Drittel des Mehls vermischen, das Tomatenpüree beifügen und verquirlen.
◆ Die Eimischung nach und nach zum Mehl rühren, bis ein dickflüssiger Teig entsteht. Diesen kräftig schlagen, bis er Blasen wirft.
◆ Reichlich Wasser aufkochen und salzen. Den Teig durch ein Spätzlisieb in das Salzwasser streichen. Sobald die Spätzli obenauf schwimmen, mit einer Schaumkelle herausheben und im Ofen warm stellen oder kurz vor dem Servieren eine beschichtete Pfanne mit wenig Öl auspinseln und die Spätzli kurz anbraten.
◆ Die Teigmenge ergibt 5 Portionen. Die nicht benötigten Spätzli abkühlen lassen und portionenweise einfrieren.

Tip: Anstelle von Tomatenpüree 2 EL gehackte Kräuter oder 100 g fein gehackten Spinat dazugeben.

Pro Person:	180	Kalorien	30 g	Kohlenhydrate
	8 g	Protein	2 g	Nahrungsfasern
	3 g	Fett	82 mg	Cholesterin

Dekorativ gefüllte Kartoffeln

1 mittlere Zwiebel
1 Knoblauchzehe
100 g Tomaten
100 g tiefgekühlte Erbsen
100 ml Gemüsebouillon
1 Nelke
1 Lorbeerblatt
Pfeffer aus der Mühle
½ ML pflanzliches Bindemittel (z.B. Nesvital)
2 EL Halbrahm
2 grosse Kartoffeln (ca. 450 g)
Salz, Pfeffer
1 EL geriebener halbfetter Bergkäse

◆ Die Zwiebel fein hacken, den Knoblauch pressen und die Tomate würfeln.

◆ Eine beschichtete Pfanne erhitzen, Zwiebel und Knoblauch darin ohne Fettstoff kurz anziehen lassen, die Erbsen beigeben und mit Gemüsebouillon auffüllen.

◆ Nelke, Lorbeerblatt und Tomate beigeben, mit Pfeffer würzen und 10–15 Minuten zugedeckt köcheln lassen.

◆ Das Bindemittel unterrühren, die Pfanne vom Herd nehmen und den Halbrahm darunterziehen.

◆ Den Backofen auf 250 Grad vorheizen.

◆ Die Kartoffeln gut waschen und längs halbieren. So weit aushöhlen, bis jede halbe Kartoffel noch 90 g schwer ist. Die Höhlung mit Salz und Pfeffer ausstreuen und mit der Erbsenmasse füllen.

◆ Die Kartoffeln in eine Aluform setzen und im vorgeheizten Backofen auf der zweituntersten Rille zugedeckt 45 Minuten weich garen.

◆ Danach mit dem Käse bestreuen und abgedeckt noch 5 Minuten überbacken.

Tips: Die ausgestochene Kartoffelmasse kann für eine Gemüsesuppe weiterverwendet werden.

Dazu passt ein Fleischgericht wie Geschnetzeltes, Ragout oder Osso buco.

Mit einem Saisonsalat oder/und einem gedämpften Gemüse kombiniert, ergibt es eine vollständige Mahlzeit.

Pro Person:	212 Kalorien	30 g Kohlenhydrate
	9 g Protein	9 g Nahrungsfasern
	4 g Fett	9 mg Cholesterin

Warme und kalte Saucen

Béchamelsauce

½ Zwiebel
½ TL Butter
50 ml Weisswein
100 ml Gemüsebouillon
1 Lorbeerblatt
½ ML pflanzliches Bindemittel (z.B. Nesvital)
Salz, Pfeffer
1 Msp. Muskatnuss
2 EL Hüttenkäse
1 EL Kaffeerahm

◆ Die Zwiebel fein hacken.
◆ Die Butter in einer Pfanne schmelzen, die Zwiebel darin anziehen lassen, bis es duftet.
◆ Mit Weisswein ablöschen, diesen leicht einköcheln lassen. Dann die Hitze reduzieren, Bouillon, Lorbeerblatt, das Bindemittel und die Gewürze beigeben. Etwas köcheln lassen.
◆ Die Pfanne vom Feuer nehmen, eine Minute warten, anschliessend den Hüttenkäse beigeben und kräftig rühren.
◆ Auf kleinem Feuer unter ständigem Rühren etwa 5 Minuten ziehen lassen, damit sich die Hüttenkäse-Kügelchen auflösen können.
◆ Den Kaffeerahm unterrühren.

Variationen

Champignonsauce: Mit der Bouillon 100–150 g blättrig geschnittene Champignons beigeben und mitköcheln lassen.

Senfsauce: 1 EL grobkörnigen Senf unterrühren.

Currysauce: Zusammen mit der Zwiebel 1 TL Currypulver andünsten.

Teigwarensauce: Blättrig geschnittene Champignons, 100 g Zucchiniwürfelchen und 50 g Schinkenwürfelchen mit der Bouillon zugeben und mitköcheln.

Fischsauce: Gemüsebouillon durch Fischfond ersetzen.

Pro Person:	55 Kalorien	+ g Kohlenhydrate
	2 g Protein	+ g Nahrungsfasern
	3 g Fett	9 mg Cholesterin

Braune Fleischsauce

1 kleine Zwiebel
1 Karotte
1/4 Sellerie
1 TL Erdnussöl
1 EL Fleischfond
1 TL Tomatenpüree
50 ml Rotwein
200 ml Gemüsebouillon
1 Rosmarinzweig
2 Knoblauchzehen
1/4 ML pflanzliches Bindemittel (z.B. Nesvital)
Pfeffer

◆ Die Zwiebel fein hacken, Karotte und Sellerie fein würfeln.
◆ Das Öl in einer beschichteten Pfanne erhitzen. Die Zwiebel und das Gemüse zusammen mit Fleischfond und Tomatenpüree darin anziehen lassen und mit Rotwein ablöschen.
◆ Mit der Bouillon auffüllen, den Rosmarinzweig und die Knoblauchzehen beifügen und 10–15 Minuten leicht zugedeckt köcheln lassen.
◆ Die Sauce mit dem Stabmixer pürieren und falls nötig mit Bindemittel noch leicht binden.
◆ Mit Pfeffer abschmecken.

Tips: Anstelle des fertigen Fleischfonds Fleisch (z.B. Ragout, Bratenstück) gut anbraten, aus dem Bratfond die Sauce herstellen, das Fleisch für ein anderes Gericht weiterverwenden.

Eine grössere Menge zubereiten und in Portionen tiefkühlen.

Pro Person:	52 Kalorien	+ g Kohlenhydrate
	+ g Protein	2 g Nahrungsfasern
	3 g Fett	+ mg Cholesterin

Falsche Gemüserahmsauce

2 Knoblauchzehen
1 kleine Zwiebel
1 TL Olivenöl
1 EL Tomatenpüree
50 ml Rotwein
1 kleine Karotte
1 kleine Tomate (100 g)
1 kleiner Lauch (100 g)
150 ml Gemüsebouillon
60 g dreiviertelfetter Kräuter-Cantadou
Salz, Pfeffer
2 EL Kaffeerahm
1 Bund Petersilie

◆ Den Knoblauch pressen, die Zwiebel fein hacken.
◆ Das Öl erhitzen, Knoblauch, Zwiebel und Tomatenpüree darin andünsten. Mit dem Rotwein ablöschen und zugedeckt etwas einköcheln lassen.
◆ Die Karotte reiben, die Tomate würfeln und den Lauch fein scheibeln. Das Gemüse und die Bouillon zufügen und zugedeckt 10 Minuten köcheln lassen.
◆ Die Hitze zurückstellen, den Kräuterfrischkäse unterrühren, würzen, den Kaffeerahm beifügen und alles etwas ziehen lassen. Die Sauce mixen.
◆ Die Petersilie fein hacken und am Schluss unter die Sauce rühren, servieren.

Tips: Eignet sich zu Teigwaren, Maisschnitten, Hirsotto oder pochiertem Fisch.

Je nach Saison anderes Gemüse wie Blumenkohl oder Sellerie verwenden.

Pro Person:	141 Kalorien	+ g Kohlenhydrate
	6 g Protein	3 g Nahrungsfasern
	8 g Fett	12 mg Cholesterin

Peperonisauce

1 Peperone (Paprika)
1 kleine Zwiebel
1 Knoblauchzehe
50 ml Gemüsebouillon
Salz, Pfeffer
1/2 Bund Basilikum

◆ Den Peperone (Paprika) waschen, in Streifen schneiden und würfeln. Die Zwiebel fein hacken, den Knoblauch pressen. Auf mittlerer Hitze ohne Fett andünsten.

◆ Mit der Bouillon ablöschen, salzen und pfeffern und 10–15 Minuten zugedeckt köcheln lassen.

◆ Den Basilikum hacken und gegen Ende der Kochzeit beifügen. Die Sauce mit dem Stabmixer mixen.

Tips: Eignet sich zu Siedfleisch (Suppenfleisch), pochiertem Fisch, gegrilltem Fleisch, Teigwaren. Zu Fisch anstelle der Gemüsebouillon Fischfond verwenden.

Wer's raffiniert mag, bereitet drei Saucen zu, eine mit einem gelben, eine mit einem roten und eine mit einem grünen Peperone (Paprika).

Pro Person:	17 Kalorien	+ g Kohlenhydrate
	1 g Protein	3 g Nahrungsfasern
	+ g Fett	0 mg Cholesterin

Weisse Gemüsesauce

1 Kohlrabi (250–300 g)
100 ml Gemüsebouillon
Pfeffer
100 ml Milch-Drink (Trinkmilch)
1/2 Peperone (Paprika)

◆ Den Kohlrabi klein schneiden und in der Bouillon 10 Minuten zugedeckt weich dämpfen. Dann mit dem Stabmixer pürieren.

◆ Mit Pfeffer abschmecken.

◆ Die Milch beigeben und weitermixen, bis eine schaumige Sauce entstanden ist.

◆ Den Peperone (Paprika) in kleine, gleichmässige Würfelchen schneiden, kurz vor dem Servieren beigeben.

Tips: Diese Sauce eignet sich als Guss für überbackenes Gemüse, zu Stärkebeilagen oder Teigwaren.

Anstelle des Peperone (Paprika) Champignons, Maiskörner oder Tomatenwürfelchen nehmen.

Wer mehr Pep und Schärfe mag, würzt die Sauce zusätzlich mit Curry, Sambal Oelek oder Reibkäse.

Anstelle des Kohlrabi Knollensellerie verwenden.

Pro Person:	72 Kalorien	3 g Kohlenhydrate
	5 g Protein	3 g Nahrungsfasern
	2 g Fett	3 mg Cholesterin

Französische Salatsauce

1 TL Senf
½ TL Hefewürzpaste
½ TL getrocknete Salatkräuter
1 Bund frische Salatkräuter
Pfeffer, Paprika
1 EL Kräuteressig
3 EL Gemüsebouillon
1 EL Sonnenblumenöl
1 EL Blanc battu
1 EL Light-Mayonnaise

Alle Zutaten mischen und mixen.

Tips: Feingehackte Zwiebeln oder Knoblauch beigeben.

1 TL Meerrettichpaste ohne Mayonnaisezusatz untermischen.

1 EL Kapern beigeben.

Andere Essigsorten verwenden.

Pro Person:	74 Kalorien	+ g Kohlenhydrate
	1 g Protein	0 g Nahrungsfasern
	8 g Fett	+ mg Cholesterin

Italienische Salatsauce

1–2 Knoblauchzehen
½ Bund Basilikum
½ Bund Thymian
1 TL Senf
½ TL getrocknete Salatkräuter
Salz, Pfeffer
1 EL Kräuteressig
2 EL Aceto balsamico di Modena
2 EL Gemüsebouillon
1 EL Olivenöl

◆ Den Knoblauch fein schneiden oder pressen. Die Kräuter fein hacken.

◆ Alle Zutaten mischen und mixen.

Tips: Feingehackte Zwiebel beigeben.

Geeignet für grünen Salat, Tomatensalat, gemischten Gemüsesalat.

Pro Person:	50 Kalorien	+ g Kohlenhydrate
	+ g Protein	+ g Nahrungsfasern
	5 g Fett	0 mg Cholesterin

Meerrettichschaum

1 TL Senf
1–2 TL Meerrettichpaste ohne Mayonnaisezusatz
1 TL Light-Mayonnaise
120 g Blanc battu
Pfeffer

1 Dillzweiglein zum Garnieren

◆ Alle Zutaten der Sauce mischen und kräftig verrühren.
◆ Mit dem Dillzweiglein garnieren und kalt servieren.

Tips: Eignet sich zu geräuchertem Fisch als Vorspeise oder kaltes Abendessen, als Dip zu Gemüse oder zu einem Fischfondue.

Wer's scharf mag, mischt mehr Meerrettich darunter.

Pro Person:	43 Kalorien	+ g Kohlenhydrate
	5 g Protein	+ g Nahrungsfasern
	2 g Fett	15 mg Cholesterin

Tartarsauce

1 TL Light-Mayonnaise
½ TL Senf
2 EL Magerquark
2 EL Blanc battu
etwas Zitronensaft
Salz, Pfeffer, Paprika
1 TL Kaffeerahm
½ Bund Petersilie
½ Bund Schnittlauch
1 kleine Essiggurke
½ kleine Karotte
½ hartgekochtes Ei

◆ Mayonnaise, Senf, Quark, Blanc battu, Zitronensaft, die Gewürze und den Kaffeerahm vermischen.
◆ Petersilie und Schnittlauch fein hacken, die Essiggurke und die Karotte fein würfeln, das Ei hacken und alles unter die Sauce mischen.

Tip: Eignet sich als Dip zu rohem Gemüse, zu gegrilltem Fleisch, Fisch oder Spargeln.

Pro Person:	73 Kalorien	+ g Kohlenhydrate
	8 g Protein	+ g Nahrungsfasern
	4 g Fett	69 mg Cholesterin

Desserts

Rohe Apfelcreme

80 g Magerquark
2 EL Joghurt nature, teilentrahmt
3 EL Halbrahm
3 EL Zitronensaft
flüssiger Süssstoff nach Belieben
180 g Apfel mit der Schale
Zimt
wenig gemahlene Haselnüsse

◆ Den Quark mit dem Joghurt, dem Halbrahm und dem Zitronensaft verrühren und nach Belieben süssen.

◆ Die Äpfel dazureiben und vermischen. Kühl stellen.

◆ Mit Zimt und Haselnüssen bestreuen und servieren.

Tip: Eignet sich besonders als Dessert nach einem Gemüseteller oder Salatteller mit Vollkornbrot.

Pro Person:	119 Kalorien	10 g Kohlenhydrate
	6 g Protein	2 g Nahrungsfasern
	5 g Fett	13 mg Cholesterin

Mangoschnitze mit Erdbeersauce

110 g Mango
evtl. 2 EL Wasser
140 g Erdbeeren
2 TL Zitronensaft
1 Tropfen Orangenaroma
einige Tropfen flüssiger Süssstoff
1/4 ML pflanzliches Bindemittel (z.B. Nesvital)
Pfefferminzblätter zum Garnieren

◆ Die Mango schälen und in feine Schnitze schneiden. Falls die Mango noch sehr hart ist, mit etwas Wasser zugedeckt kurz weich dämpfen und abkühlen lassen.

◆ Für die Erdbeersauce den Stielansatz der Erdbeeren entfernen, die Früchte klein schneiden. In ein höheres Gefäss geben, Zitronensaft, Orangenaroma und Süssstoff zufügen und mit dem Stabmixer pürieren.

◆ Das Bindemittel unterrühren und die Creme 10 Minuten kalt stellen.

◆ Zum Anrichten die Mangoschnitze fächerförmig in Dessertschälchen legen und die Erdbeercreme danebengiessen. Mit Pfefferminzblättchen ausgarnieren.

Tips: Die Erdbeersauce kann auch mit 1 Kugel Vanilleglace kombiniert werden.

Das Dessert auf Tellern anrichten. 1/2 TL Blanc battu in einem Faden auf die Erdbeersauce geben und mit einem Zahnstocher zu einem Muster ziehen.

Pro Person:	45 Kalorien	10 g Kohlenhydrate
	+ g Protein	2 g Nahrungsfasern
	+ g Fett	0 mg Cholesterin

Fruchtiges Erdbeer-Tiramisù

200 g Rhabarber
2 EL Wasser
1 Vanilleschote
flüssiger Süssstoff

Creme:
1 Eigelb
1 TL Süsspulver
70 g Magerquark
2 EL Kaffeerahm
1 Eiweiss

150 g Erdbeeren
4 Butterkekse (Petit beurre) ohne Zuckerzusatz

◆ Den Rhabarber schälen und in kleine Stücke schneiden. Zusammen mit dem Wasser und der aufgeschlitzten Vanilleschote zugedeckt aufkochen und zu Kompott kochen. Nach Belieben süssen.

◆ Für die Creme das Eigelb in eine Schüssel geben, das Süsspulver zufügen und im warmen Wasserbad kräftig schaumig schlagen. Quark und Kaffeerahm daruntermischen und zu einer luftigen Creme schlagen.

◆ Das Eiweiss steif schlagen und vorsichtig darunterziehen.

◆ Von den Erdbeeren den Stielansatz entfernen, die Früchte halbieren.

◆ Die Hälfte des Rhabarberkompotts in zwei Dessertschälchen verteilen, je einen Butterkeks darauflegen und mit der Hälfte der Creme bedecken. Dann die zweite Hälfte des Kompotts daraufgeben, wieder mit einem Butterkeks belegen und mit dem Rest des Kompotts bedecken. Die Oberfläche mit den Erdbeeren hübsch belegen.

◆ Im Kühlschrank 1–2 Stunden durchziehen lassen.

Tip: Rhabarberkompott kann tiefgekühlt werden.

Pro Person:	190 Kalorien	15 g Kohlenhydrate
	11 g Protein	5 g Nahrungsfasern
	8 g Fett	115 mg Cholesterin

Himbeermousse

200 g Himbeeren
wenig flüssiger Süssstoff
1 Eiweiss
100 g Light-Vanillecreme
70 g Himbeeren zum Ausgarnieren

◆ Die Himbeeren mixen und süssen.
◆ Das Eiweiss steif schlagen.
◆ Die Vanillecreme nach Packungsanleitung zubereiten.
◆ Das Himbeerpüree mit der Vanillecreme mischen und den Eischnee sorgfältig darunterziehen.
◆ Mit den restlichen Himbeeren garnieren.
◆ Vor dem Servieren kühl stellen.

Pro Person:	81 Kalorien	10 g Kohlenhydrate
	4 g Protein	7 g Nahrungsfasern
	2 g Fett	12 mg Cholesterin

Panierte Ananas

220 g frische, geschälte Ananas
3 EL Kokosraspel
etwas geschlagener Rahm

◆ 2 Scheiben Ananas abschneiden, bis zum Strunk in der Mitte einschneiden, damit das Essen leichter fällt.
◆ Die Kokosraspel in einer beschichteten Pfanne ohne Fettzugabe unter ständigem Wenden anrösten, bis sie duften. Achtung: Sie werden schnell braun!
◆ Die Kokosraspel etwas abkühlen lassen. Dann die Ananasscheiben darin wenden.
◆ Auf Tellern anrichten und mit einem Tupfer Schlagrahm garnieren.

Tips: Die Ananasscheiben vor dem Panieren mit etwas Cognac beträufeln.
Ungezuckerte Ananas aus der Dose verwenden.

Pro Person:	167 Kalorien	15 g Kohlenhydrate
	2 g Protein	3 g Nahrungsfasern
	11 g Fett	11 mg Cholesterin

Mandelgelee mit Orangensalat

150 ml kalter Milch-Drink (Trinkmilch)
100 ml Kaffeerahm
½ TL Agar-Agar-Pulver
1 TL Mandelpüree ohne Zuckerzusatz (z.B. von Nuxo)
½ TL flüssiger Süssstoff
5 Tropfen Bittermandelessenz

200 g Orangen
etwas Zitronensaft
flüssiger Süssstoff nach Belieben

1 TL Mandelsplitter als Garnitur

◆ Die kalte Milch mit dem Kaffeerahm und dem Agar-Agar-Pulver mischen, unter Rühren aufkochen und auf kleinem Feuer 1–2 Minuten köcheln lassen.
◆ Das Mandelpüree und den Süssstoff einrühren und 2–3 Minuten weiterköcheln lassen.
◆ Die Bittermandelessenz beigeben und mischen.
◆ Die Masse in zwei kleine Puddingförmchen giessen, fest werden lassen und kühl stellen.
◆ Die Orangen schälen, in Scheiben schneiden und diese in zwei Dessertschälchen anrichten.
◆ Zitronensaft und Süssstoff mischen und über die Orangenscheiben verteilen.
◆ Das Mandelgelee mit einem Messer vom Rand der Förmchen lösen und auf die Orangenscheiben stürzen.
◆ Die Mandelsplitter in einer beschichteten Pfanne ohne Fett kurz anrösten und über die Orangen streuen.

Tip: Die Orangen je nach Saison durch eine Portion ungezuckerte Beeren, Pfirsiche oder Kompott ohne Zuckerzusatz ersetzen.

Das Mandelgelee in ein flaches Gefäss mit Rand giessen, fest werden lassen und kühl stellen. Auf Klarsichtfolie stürzen, mit Ausstechformen Gelee ausstechen und den Orangensalat damit schmücken.

Statt selbstgemachtem Mandelgelee Flan Vap mini-cal mit Blanc-manger-Aroma verwenden. Zu bestellen bei: Qualidess SA, Case postale 250, 2022 Bevaix, Schweiz.

Pro Person:				
	188	Kalorien	10 g	Kohlenhydrate
	5 g	Protein	2 g	Nahrungsfasern
	14 g	Fett	28 mg	Cholesterin

Birnensorbet

300 g Birnen
100 ml Wasser
1½ TL flüssiger Süssstoff
½ Zitrone, nur Saft
½ Zimtstengel
1 Nelke
6 Baumnusskerne

◆ Die Birnen schälen und vierteln; eine halbe Birne beiseite stellen.
◆ Das Wasser aufkochen, Süssstoff, Zitronensaft, Zimtstengel, Nelke und den Rest der Birnen beigeben und zugedeckt weich köcheln.
◆ Zimtstengel und Nelke entfernen. Die Birnenstücke im Sirup auskühlen lassen und anschliessend mit dem Sirup pürieren.
◆ Die beiseitegestellte halbe Birne und die Baumnusskerne fein würfeln und unter das Birnenpüree rühren.
◆ In der Eismaschine zu Sorbet rühren oder unter häufigem Rühren im Tiefkühlfach gefrieren.
◆ Zu Kugeln formen und servieren.

Tips: Zusätzlich mit 1 EL Williams (Birnengeist) abschmecken.

Anstelle von frischen Birnen Birnenkompott ohne Zucker verwenden. Pürieren und die Gewürze in Pulverform beigeben.

Pro Person:	121 Kalorien	15 g Kohlenhydrate
	+ g Protein	5 g Nahrungsfasern
	4 g Fett	0 mg Cholesterin

Marinierte Zwetschgen mit Zitronenmelisse

40 ml Rotwein
3 EL Wasser
¼ Zimtstengel
1 Nelke
1 Lorbeerblatt
190 g entsteinte Zwetschgen
½ Bund Zitronenmelisse
3 Tropfen flüssiger Süssstoff
40 g Light-Vanilleglace

◆ Den Rotwein mit dem Wasser, dem Zimtstengel, der Nelke und dem Lorbeerblatt aufkochen.
◆ Die Zwetschgen zur Flüssigkeit geben, 15 Minuten köcheln und die Flüssigkeit dabei etwas eindicken lassen.
◆ 5 Blätter Zitronenmelisse fein hacken und zusammen mit dem Süssstoff daruntermischen.
◆ Die Vanilleglace in Dessertschalen geben.
◆ Die Zwetschgen mit der lauwarmen Sauce um die Glace anrichten und mit einem Zitronenmelissenblatt garnieren.

Tips: Anstelle von frischen tiefgefrorene Zwetschgen ohne Zuckerzusatz nehmen.

Die Zwetschgen können kalt oder warm verwendet werden.

Pro Person:	80 Kalorien	15 g Kohlenhydrate
	2 g Protein	2 g Nahrungsfasern
	1 g Fett	3 mg Cholesterin

Schokoladenkuchen mit Weichselkirschen

Ergibt 15 Stücke

100 g Butter oder Margarine
12 g Süssstoffpulver
3 Eier
1 Prise Salz
125 g Tofu nature
2 EL Wasser
50 g Blanc battu
100 g gemahlene Haselnüsse
100 g dunkle Diabetiker-Schokolade
1 EL Kirsch
120 g Ruchmehl (Mehl Typ 1050)
2 TL Backpulver
2 EL ungesüsstes Kakaopulver
225 g Weichselkirschen (oder rote Herzkirschen) ohne Stein, light

- Die Butter oder Margarine weichrühren.
- Das Süsstoffpulver und die Eier beigeben und im warmen Wasserbad schaumig schlagen.
- Das Salz beifügen.
- Den Tofu klein würfeln und zusammen mit dem Wasser zu einer glatten Masse pürieren. Zusammen mit dem Blanc battu und den gemahlenen Haselnüssen unter die Buttermasse rühren.
- Die Schokolade grob hacken und zusammen mit dem Kirsch ebenfalls beigeben.
- Eine Cakeform von 26 cm Länge mit Blechreinpapier auslegen. Den Backofen auf 180 Grad vorheizen.
- Das Mehl zusammen mit dem Backpulver, dem Kakaopulver und den Kirschen vorsichtig unter die Masse heben.
- In der unteren Hälfte des vorgeheizten Ofens rund 50 Minuten backen.

Tips: Der Kuchen eignet sich gut zum Tiefkühlen.
Sobald das Kakaopulver untergemischt ist, den Kuchen möglichst schnell in den vorgeheizten Ofen schieben, sonst fällt er leicht zusammen.

Pro Person:	193 Kalorien	10 g Kohlenhydrate
	5 g Protein	1 g Nahrungsfasern
	14 g Fett	64 mg Cholesterin
Ganzer Kuchen:		160 g Kohlenhydrate

Haselnusstorte

Ergibt 8 Stücke

4 Eigelb
12 g Süssstoffpulver
1 Prise Salz
2 EL warmes Wasser
125 g Tofu nature
2 EL Wasser
½ Zitrone, Schale und Saft
4 Eiweiss
200 g gemahlene Haselnüsse
50 g grob gehackte Baumnüsse
75 g Ruchmehl (Mehl Typ 1050)
2 TL Backpulver

◆ Den Backofen auf 180 Grad vorheizen.

◆ Das Eigelb mit Süssstoffpulver, Salz und dem warmen Wasser verrühren, bis die Masse hell und schaumig wird.

◆ Den Tofu klein würfeln und zusammen mit dem Wasser pürieren, bis eine glatte Masse entsteht. Die Zitronenschale dazureiben, den Saft auspressen und zugeben. Alles mischen.

◆ Das Eiweiss zu Schnee schlagen und auf die Masse geben.

◆ Die Haselnüsse ohne Zugabe von Fett leicht rösten, bis sie gut riechen, auf den Eischnee geben.

◆ Die Baumnüsse darüberstreuen.

◆ Zuletzt das Ruchmehl und das Backpulver darüber verteilen und alles vorsichtig vermengen.

◆ Den Boden einer Springform (18 cm Durchmesser) mit Pergamentpapier auslegen, den Rand fetten. Die Masse hineinfüllen und in der unteren Hälfte des vorgeheizten Ofens 40–50 Minuten backen.

Tips: Der Kuchen eignet sich gut zum Tiefkühlen.

Den gebackenen Kuchen quer durchschneiden und mit einer Haselnuss-Rahm-Füllung füllen. Dafür 100–200 ml Rahm schlagen, 50 g gemahlene Haselnüsse darunterziehen und nach Bedarf mit flüssigem Süssstoff süssen.

Oder 300 g Äpfel oder Pfirsiche in feine Schnitze schneiden, die Kuchenmasse vor dem Backen damit belegen, dann wie oben beschrieben backen (ergibt pro Stück 15 g Kohlenhydrate).

Pro Person:	300 Kalorien	10 g Kohlenhydrate
	10 g Protein	3 g Nahrungsfasern
	25 g Fett	120 mg Cholesterin
Ganzer Kuchen:		90 g Kohlenhydrate

Adressen

Nutrisana GmbH, Praxis für Ernährungsberatung
Sabine Ferreira-Haller, Natalie Zumbrunn-Loosli
dipl. Ernährungsberaterinnen SRK
Wülflingerstrasse 59
8400 Winterthur
Tel./Fax 052/223 08 24

Dr. med. Elisabeth Nützi-Constam
FMH für Innere Medizin, Endokrinologie und Diabetologie
Schaffhauserstrasse 7
8400 Winterthur
Tel. 052/269 01 69

Karin Niedermann
Chefphysiotherapeutin Innere Medizin
Rheumaklinik und Institut für Physikalische Medizin
Gloriastrasse 25
8091 Zürich
Tel. 01/255 11 11

Quellen

Teuscher, Prof. A.: Handbuch für das Diabetes-Team, Verlag Hans Huber, Bern 1995

Keller, Prof. Dr. med. U.: Die neue Ernährung bei Diabetes, D-Journal, Aug./Sept. Nr. 121/1996

Stellungnahmen der Schweizerischen Diabetes-Gesellschaft: Diabetes mellitus 1996, Hans Marseille Verlag, München 1996

Arens-Azevêdo, Prof. U., Dr. B. Günther und G. Schneider: Ernährungslehre zeitgemäss – praxisnah, Schroedel Verlag, Gehlen 1990

Griffin, T. und R. Mendosa: The Glycemic Index, http://www. Lehigh.edu/li (Internet)

Hermes Süssstoff AG: Wissenswertes über Süssstoffe, Zürich o.J.

Lebensmittelverordnung der Schweiz, 1995

Nährwertberechnungsprogramm von LOBOS Informatik AG

Energie- und Nährwerttabellen, becel 1996

Stiftung Ernährung und Diabetes Bern: Diabetesernährungsplan, 7. Auflage 1993 (für die Kohlenhydratangaben)

Verzeichnis der Lebensmittel

Aceto balsamico Ein süss-würziger Rotweinessig.

Agar-Agar Ein pflanzliches Bindemittel aus Meeralgen. Farb- und geruchlos, mit achtmal höherer Bindefähigkeit als Gelatine.

Blanc battu Fettfreier Frischkäse. In Deutschland entspricht diesem der Fromage frais de Normandie Allégé; notfalls ersetzen durch Magerquark oder Exquisa Quarkzubereitung (0,2% Fett).

Hefewürzpaste Würzpaste auf Bierhefebasis (Cenovis). Zum Würzen oder als Brotaufstrich.

Flüssiger Süssstoff Chemisch hergestelltes Süssungsmittel auf Cyclamat- und/oder Saccharin- Basis. Kohlenhydrat- und energiefrei. Geeignet zum Süssen von Kompotten, Desserts, Saucen, Getränken und Kuchen ohne Volumen. Extrem hohe Süsskraft, deshalb tropfenweise dosieren.

Light-Butter Kalorienverminderte Butter.

Milch-Drink Teilentrahmte Milch mit ca. 3% Fett.

Minarine Kalorienverminderte Margarine.

Nesvital Pflanzliches Bindemittel auf Nahrungsfaserbasis (Guar); enthält keine Kohlenhydrate und keine Energie (Kalorien). Erhältlich in Drogerien und Apotheken.

Mandelpüree Pürierte Mandelmasse ohne Zuckerzusatz. Kühl aufbewahren. Erhältlich in Drogerien und Apotheken (z.B. Nuxo).

Romanesco Gemüsesorte, Kreuzung aus Blumenkohl und Broccoli.

Sambal Oelek Scharfes Pfefferschotenpüree.

Süsspulver Süssstoff wie Cyclamt oder Saccharin, kombiniert mit Malto-Dextrin (Kohlenhydratträger). Durch das Maltodextrin erhält dieser Süssstoff Volumen und eignet sich dadurch zum Backen von Kuchen. Kohlenhydrate einberechnen.

Tofu Quarkähnliche Masse, aus Sojamilch hergestellt.

Trinkmilch Teilentrahmte Milch mit ca. 3% Fett.

Yasoya Tofu, mit Molkepulver vermischt.

Rezeptverzeichnis

Zum Aperitif
- Apéro-Häppchen 30
- Apéro-Igel 30
- Chicoréeschiffchen 32
- Essiggemüse 32
- Käse-Lauch-Tatar 34
- Marinierte Auberginen 34

Suppen und Vorspeisen
- Blumenkohl-Cremesuppe 35
- Fischsuppe 38
- Grüne-Bohnen-Suppe 35
- Kürbissuppe 36
- Zwiebelsuppe, Französische 36

- Crevettencocktail 44
- Gefüllte Eier auf Salatbett 40
- Gratinierte Champignons 47
- Herbsttrompetenflan 48
- Lachsforellenmousse 46
- Pastetchen auf Lollo 49
- Roquefort-Avocado 42
- Sommer-Tomaten 42
- Spargeln an Vinaigrettesauce 39
- Zucchinigratin 44

Gemüsesalate
- Broccolisalat auf rotem Cicorino 50
- Fenchelsalat 50
- Randensalat 52
- Sauerkrautsalat mit Birnen 52
- Waldorfsalat 54

Fleisch, Fisch, Tofu
- Kalbsgeschnetzeltes 55
- Lamm-Calzone 57
- Poulet im Römertopf, Geschmortes 56
- Pouletbrüstchen, Pochiertes, auf Linsensalat 55
- Rindsschnitzel, Gerollte 58

- Dorsch mit Käsehaube 60
- Fischcurry 62
- Lachs mit Meerrettich-Dill-Sauce 60
- Rotzunge in Pergamentpapier 64
- Zanderfilet, Paniertes 62

- Nudeltopf, Scharfer 68
- Tofu Stroganoff 69
- Tofuburger mit Lauchsauce 66
- Vegetarische Bolognaise 70
- Zucchini, Gefüllte 65

Vegetarische Gerichte
- Blumenkohl, Gratinierter 78
- Champignontoast 73
- Chinesische Nudeln à la vaudoise 82
- Gemüse-Crêpes 71
- Gemüsepiccata mit kalter Tomatensauce 74
- Griessköpfchen mit feinem Pilzragout 81
- Hirsetopf, Asiatischer 79
- Kichererbseneintopf 80
- Kräuteromelette 72
- Lasagne 83
- Lauch-Kartoffel-Küchlein 78
- Lauchgratin 83
- Maisschnitten, Gebratene 80
- Peperonata 72
- Rösti spezial 84
- Wirzcornets 76

Pikante Gratins und Kuchen
Gemüsekuchen 89
Kartoffel-Spinat-Gratin 93
Lauch-Schinken-Rollen, Gratinierte 86
Maispizza 90
Ofenguck 92
Reisgratin, Pikanter 86
Sauerkrautgratin 88
Teigwarengratin 88

Süsse kleine Mahlzeiten
Birnenwähe 96
Haferbrei 96
Maiskuchen 94
Pfirsichkuchen mit Quarkteig 99
Zwetschgenauflauf 97
Zwiebackauflauf 98

Gerichte für Gäste
Bohnentopf, Portugiesischer 111
Grilladen, Ideen für 102
Kartoffeln, Dekorativ gefüllte 113
Osso buco mit Tomatenspätzli 112
Partybrot, Gefülltes 100
Salmterrine 104
Schinken mit Champagnersauce 106
Schweinsmedaillon mit Tomaten 108
Tortillas, Gefüllte 109
Truthahn tonnato 103

Warme und kalte Saucen
Béchamelsauce 114
Braune Fleischsauce 115
Gemüserahmsauce, Falsche 115
Gemüsesauce, Weisse 116
Meerrettichschaum 118
Peperonisauce 116
Salatsauce, Französische 117
Salatsauce, Italienische 117
Tartarsauce 118

Desserts
Ananas, Panierte 123
Apfelcreme, Rohe 120
Birnensorbet 126
Erdbeer-Tiramisù, Fruchtiges 122
Haselnusstorte 129
Himbeermousse 123
Mandelgelee mit Orangensalat 124
Mangoschnitze mit Erdbeersauce 120
Schokoladenkuchen mit Weichselkirschen 128
Zwetschgen, Marinierte, mit Zitronenmelisse 126